I0345716

www.ingramcontent.com/pod-product-compliance
Lightning Source LLC
Chambersburg PA
CBHW040901020526
44114CB00037B/26
9780578521701

فهرست   بخش ها

شماره بخش	شماره صفحه
بخش ۱	۱
بخش ۲	۹
بخش ۳	۲۹
بخش ۴	۶۶
بخش ۵	۹۴
بخش ۶	۹۷
بخش ۷	۱۳۴
بخش ۸	۱۵۶
بخش ۹	۱۷۷

بخش ۱۰ ۲۰۳

بخش ۱۱ ۲۵۵

بخش ۱۲ ۲۸۲

فهرست

بخش اول ۱

سخنی در آغاز ۱

بخش دوم ۹

زندگی نامه در یک نگاه ۹

عکس ها سخن میگویند ۱۳

پرفسور فتحی با پریزیدنت بوش ۱۹

پرفسور فتحی در کنار آقای الگور معاون پریزیدنت اوباما ۲۰

پرفسور فتحی در حال مصاحبه با پرفسور ایتالیایی جراح مغز و اعصاب ۲۱

خانم لیلا حاتمی ستاره برنده اسکار دوبار فیلم اضغر فرهادی ۲۳

بخش سوم ۲۹

دانشجویان ایرانی و وزیر فرهنگ و هنر ۲۸

کتاب خاطرات دیرین ۲۹

داستان آشنایی با لوئی ارمسترانگ ۵۴

بخش چهارم ۶۶

۶۶	کتاب پنج گنج نظامی
۷۳	خسرو شیرین
۷۹	لیلی مجنون
۹۱	هفت پیگر
۹۲	اسکندر نامه
۹۴	بخش پنجم
۹۴	در کسوت شاعری
۹۷	دیوان دفتر آرزو
۹۷	بخش ششم

پیش‌گفتار از استاد	
۱۰۰	محمد علی جمالزاده
۱۰۶	مقدمه به قلم محمد جعفر
	محجوب
۱۰۸	نمونه‌هایی از اشعار
	این کتاب
	دیوان پیام
۱۳۴	آرمان
۱۳۴	بخش هفتم
۱۳۵	نمونه‌ای از اشعار
	کتاب
۱۵۶	بخش هشتم
	دیوان گنجینه
۱۵۶	رامین

نمونه اشعار این کتاب	۱۵۹
بخش نهم	۱۷۷
دیوان غنچه های شگفته	۱۷۷
نمونه ای از اشعار این کتاب	۱۸۲
کتاب فردوسی	۲۰۲
بخش دهم	۲۰۳
کتاب گلچینی از گلشن رضوان	۲۰۳
نمونه شاعران ایرانی	۲۰۶
از پویا کاشانی شاعر سرهنگ نویسنده معاصر	۲۱۷

بخش یازدهم	۲۵۵
دیوان کلام آخر جلد اول	۲۵۵
دیوان کلام اخر جلد دوم	زیر چاپ
دیوان کلام اخر ـ سوم	نزدیک به اتمام
نمونه ای از اشعار دیوان کلام آخر	۲۵۶
در کسوت پزشکی	۲۸۰-۲۸۲
بخش دوازدهم	۲۸۲
بیوگرافی پرفسور فتحی به انگلیسی	۲۹۱-۲۹۵

بی حرمتی به ساحت خوبان قشنگ نیست

باور کنیـــــد پاسخ آیینه سنگ نیست

تنهـــــا یکی به قلـــه تاریخ می رسد

هرمرد پاشکسته که تیمـــور لنگ نیست

محمد سلمانی – شاعر معاصر

سخنی در آغاز

دکتر صناعتی (پویا کاشانی)

بسال 1328 برای تحصیل در رشته طب پس از موفقیت در کنکورمربوط به آن به داشکده پزشکی وابسته به دانشگاه تهران راه یافتم . در آن روزگاران تنها یک دانشکده پرشکی در ایران وجود داشت که مقر آن هم در تهران بود . کنکور در تهران برگزار می شد . در آن سال تنها دویست نفر موفق شدند دانشجوی دانشکده پزشکی باشند . برای دانشجویان شهرستانی مانند من که بستگانی در تهران نداشتند شرایط تحصیلی سخت بود . یافتن محلی برای اقامت بخوص برای دانشجویان ذکور سختی ها و ناراحتی هایی به همراه داشت . هرچه بود آن را تحمل کردیم و گذشت .

امروزه خوشبختانه در هر شهرستان یک یا چند داشکده پزشکی وجود دارد . و این سهولتی است برای دانشجویان مقیم شهرستانها . گفته شده است که متاسفانه سطح آموزش در این داشکده ها پایین رفته است . امید میرود که در آینده ای نه چندان دور نقصان برطرف

گردد . در زمان ما ، تعداد دختران و بانوان 12 نفر بودند که رقمی در حدود 6 در صد را نشان می دهد . امروز آمار دانشگاه علوم پزشکی تهران این نسبت را برای زنان 53 در صد و برای مردان 47 در صد نشان میدهد که حاکی از توجه و علاقه دختران و بانوان به کسب دانش و استعداد شایان آنان است .

به روزگار دانشجویی ما ؛ دانشکده پزشکی وابسته به دانشگاه تهران و این دانشگاه هم وابسته به وزارت علوم بود . اکنون دانشکده های پزشکی تبدیل به دانشگاه علوم پزشکی وابسته به وزارت بهداشت – درمان و آموزش پزشکی شده اند

در زمان داشجویی ما ، ایران شاهد وقایع و تحولات شدید و عجیب بود . احزاب گوناکون ، اندیشه های سیاسی و اجتماعی مختلف اوقات بسیاری از دانشجویان را مصروف خود می نمود . حزب توده در آن زمان فعالترین و پر طرفدارترین احزاب بود . رقم بالایی از دانشجویان جذب آن حزب شده بودند . تعدادی هم طرفدار جبهه ملی . حزب پان ایرانیست و برخی دسته های سیاسی دیگر بودند

از میان دویست نفر ما ، پیش از پایان دوران تحصیل ، تعدادی به کشور های دیگر رفتند چند نفری هم پای به دیار عدم گذاشتند ، برخی هم به زندان ها کشیده شدند . تعداد شایان توجهی هم در کارتحصیل پزشکی خوش درخشیدند و بعد ها حایز مقامات علمی – اجتماعی – سیایسی – اداری شایسته شدند

در میان آنان باید نام ببرم از دوست همکلاسی دوران دانشکده پزشکی آقای کاظم فتحی که میتوانم گفت بیشترین ، بهترین و بالاترین موفقیت هارا به دست آورد و نام او با عنوان **پروفسور فتحی** سالها در جوامع پزشکی آمریکا درخشندگی داشته است ویژگی جالب دیگر او علاقه و احاطه به شعر و ادب پارسی است. از او دیوان های متعدد چاپ ومنتشر شده است .

ویژگی بسیار مهم دیگرش عشق و علاقه به زادگاه است اودر عین درخشندگی در جوامع پزشکی آمریکا ، هیچگاه ایران عزیز را ار خاطر نبرده است

جالب است برای شمابگویم وقتی به پروفسور فتحی تلفن می کنید در آغاز شعری به زبان شیرین پارسی از او می شننوید.که به شما تعارف میکند و دعوت مینماید که نام و تلفن خودرا ارایه نمایید تا پاسخ گوید. برخی از افراد ایران زمین هم هستند که وقتی موفقیتی یا اعتباری کسب کردند زادگاه را فراموش می کنند . به من گفته اند یکی دیگر از هم دوره ای ها که در آمریکا موفقیتی به دست آورده و رییس بیمارستانی شده است درست در نقطه مقابل پروفسور فتحی قرار دارد . از ایران و ایرانی متنفر است و حاضر نیست به زبان شیرین پارسی سخن گوید !!

در عنفوان جوانی با هنرمند بزرگ عصر ما سهراب سپهری دوستی صمیمانه ای داشتم او وقتی به دانشکده هنرهای زیبا رشته نقاشی وارد شد درنامه ای مرا تشویق کرد که به او تاسی کنم و به جرگه هنر بپیوندم اما دست تقدیر مرا به دانشکده پزشکی کشانید.

کتابی تدوین کردم با عنوان (دوستانی بهتر از آب روان) و در این کتاب ویژگی های سهراب را برشمردده ام . بنا به اظهار برخی اساتید فن ، شاید این کتاب جامع ترین در مورد سهراب باشد

اکنون هم بر آن شدم که کتابی با عنوان آشنایی با پروفسور فتحی تقدیم دوستان نمایم.

همیشه ایرانیانی را که در عرصه های گوناگون خوش درخشیده اند و ایران و ایرانی را هم از یاد نبرد اند دوست میداشته ام و دوست دارم . آنگاه که نام **فیروز نادری** را به عنوان دانشمند برجسته ناسا می خوانم ومی شنوم غرق لذت و مباهات می شوم .

و آن زمان که در رسانه ها نام زنده یاد **پروفسور مریم میرزاخانی** را خواندم خودرا در میان امواج احساسات افتخار دیدم . به یاد میآورم روز پنجشنبه ای بود . در روزنامه اطلاعات خواندم که مریم دچار سرطان شده ودر بیمارستان است . متاثر و متاسف شدم وشعری برای نیایش در جهت بهبود مریم نوشتم و برای روزنامه اطلاعات فرستادم

نیایشی برای مریم میرزا خانی

مریم آن نامور مهین استاد	که مباهات و فخر ایران است
آنکه آثار هوش و درک و نبوغ	بهترین هدیه اش زیزدان است
آنکه در دانش ریاضی نیز	شاخص بی نظیر دوران است
آنکه در آسمان علم و کمال	شهره مانند ماه تابان است
خبری از رسانه ها آمد	که از آن دل به درد و نالان است
خبری ناپسند و نا میمون	که شنیدن از آن نه آسان است
خبری آنچنان که هرکه شنید	همچو من بی قرار و پژمان است
اوفتاده به چنگ آن چنگار	که دل از گفتنش پشیمان است
همه ایرانیان نیایشگر	آرزوشان برای درمان است
چشم پویا زرنج آن استاد	همچو چشم زمانه گریان است

روز شنبه که اطلاعات را مطالعه کردم دریافتم که آن استاد به دیار دیگر پرواز کرده است . بی اختیار چشمانم لبریز از اشگ شد و آنگاه این شعر را نوشتم

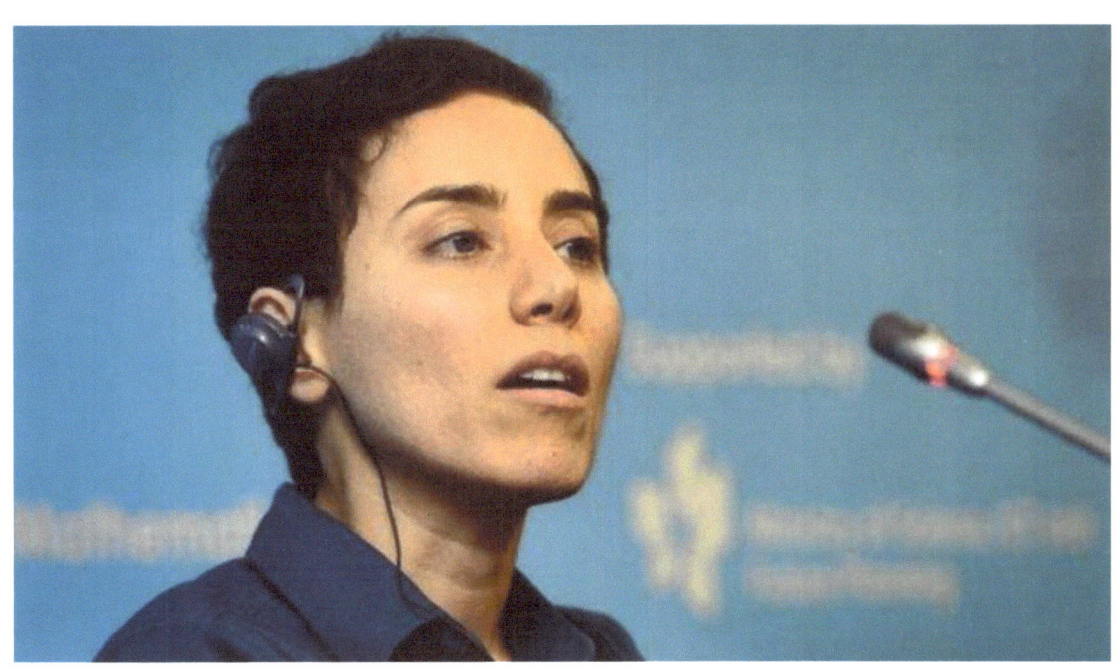

در سوگ بزرگ استادجهان ریاضی مریم میرزاخانی

پویا کاشانی

نه تنها که ایران ، جهان ، سوگوار است

که (مریم) به دارِ دگر رهسپار است

به هرجا ، هرآنکس که بود اهلِ دانش

ز فقدانِ آن نابغـــــه ، داغدار است

بزرگ اوستـــــادِ جهـــانِ ریاضی

که حل مسایل به او وامـــــدار است

جهان گفت : مریم به دنیـــای دانش

بزرگ انشتین را گرانمایه یار است

گر از یاد ما رفتـــــه خیام ، مریم

نشــــانی از آن نخبه نامـــدار است

دریغ است کاین گوهـــرِ نابِ دوران

بدین کوتهی عمرش اندر شماراست

شگفت آمــــدم زین معمـــایِ گیتی

که کارش بسی دور از انتظار است

(چرا عمـــرطاوس و دراج کوته) *

درازازچه رو عمر زاغان و مار است

ندیدی (سپهری) چه زود از میان رفت**

کسی کو بهین نخبــــه روزگار است

ندیدی (فروغ) آن گرانمایه شاعر ***

که نامش در ایران زمین پایدار است

نبرده به سر روزگارِ جوانی

چرا جایش اندر نهانِ مزار است

جهانا ! چه خواهی از این نقش و بازی

که دلها ز پندار آن بی قرار است

چرا رفت (مریم) در این عمرِ کوته

که از رفتنش دیدگان اشکبار است

کنونم یکی تنگدل ، دیده بر در

که چشمم در اندوه او آبشار است

چه گویم به نو باوه اش   (آناهیتا) ****

که روزش سِیه تر ز شب های تار است

چنین گفت (پویا) کزاین غم سرایی

به خویشان مریم ، بسی شرمسار است

سزاوار باشد شکیبا شدن را

که آرامشش لاجرم در کنار است

+++++++++++++++++++++++++++++++

* مصراع از دقیقی توسی

** سهراب سپهری هنرمند بلند آوازه عصر ما

*** فروغ فرخ زاد بانوی شعر آزاد زمان ما

**** آناهیتا - نام دختر استاد مریم میرزاخانی

منظورم ازذکرسروده ها این است که بگویم به همه ایرانیانی که در علم وهنر و فن درخشندگی داشته اند افتخار میکنم و از ژرفای دل دوستشان دارم و اگر امروز هم از پروفسور فتحی می نویسم و می گویم نه به خاطر سابقه دوستی و همدوران بودن در دانشکده پزشکی است بلکه از جهت درخشدگی او در جامعه پزشکی آمریکا است .

آنکه ایران و ایرانی را فراموش نکرده بلکه به آن مباهات داشته است.

در این کتاب کوچک با شخصیتی بزرگ ، درخشنده در آسمان علم وادب و فن آشنا خواهید شد . آنچه خواهید خواند گفته های من نیست بلکه رونوشت هایی است از مدارک علمی و اشاره به کتاب های اشعار او

امیدوارم شما هم به عنوان یک ایرانی از آشنایی با یک شخصیت برجسته جهان دانش و ادب و فن شادمان شوید

حسن ختام را ، سروده اخوانیه پروفسور و پاسخ مرا ملاحظه می فرمایید

این دو سروده ، ساده، بی تکلف و به اصطلاح خودمانی و حاکی از دوستی بی ریای دوران دانشجویی است

تقدیم به دوست مهربانم دکتر صناعتی

سـرودم راز های زندگانی — برای یار دیرینـم نهانی

به یاری کو زمن صد بار بهتر — سروده داستـان کهکشانی

کسی کو با من از ایران برادر — برادر یا که یک محبوب جانی

فرستادم برایش تحفه ای خرد — نوشته ، دیده خوانده عشق فانی

بنازم همسر نازش که یک عمر — شـده همراه او با شادمانی

به (پویا) داده فرزندن لایق — یکی از دیگری بهتـر ، چه دانی

کنون آن خانم از ماه بهتر	خدا حفظش کند ، بی ناتوانی
نوه هایش همه پُر از انرژی	همه دکتر ، همه فخر جهانی
(حبیب الله) به عمرت شادباشی	درختی پُرثمر، پُر بَر بمانی
منم (کاظم) ، رفیق سابق تو	هنوزم زنده ام با در فشانی
به فرزندان خوب و با درایت	فقط تدریس کن از مهربانی

پاسخی کوتاه و نارسا
به نامه منظوم پروفسور فتحی

گرفتم نامه ای با شادمانی	ز دست یار دوران جوانی
همه اشفاق و ارفاق و اخوت	همه لطف و صفا و مهربانی
ز دست آنکه مارا بود شش سال	به تحصیلِ پزشکی ، همزبانی
ولی او رفت دور از میهن وشد	یکی شهره در آفاق جهانی
طبیب ویژه و جراح اعصاب	پس از دوران سخت آنچنانی
زدیگر سو ، شده در شعر و تحریر	تو گویی ، بو علی سینایِ ثانی
میان جملهِ همدوره ای ها	چنان خورشید در پرتو فشانی
مباهاتِ همه یاران دیروز	به هرجا ، آشکارا یا نهانی
خدایش دور دارد سالها سال	هم از آفات جسمی یا روانی

شهریور ماه 1397 - کالیفرنیا

زندگی نامه در یک نگاه

زندگی نامه دریک نگاه

نام = کاظم نام خانوادگی = فتحی

شهرت = پروفسور کاظم فتحی

زاد روز = بیستم آبان سال 1307 تهران - برابر 11 نوامبر که در این روز در آمریکا تعطیل و جشن می گیرند

نام پدر = حسین فتحی

نام مادر = عشرت نصر الله زاده

تحصیلات دبستانی = از کلاس اول تا چهار = دبستان توفیق تهران

از کلا س جهارم تا ششم دبستان نشاط تهران

تحصیلات دبیرستانی = |پانزده بهمن (رهنما) تهران – 1325 -1319

تحصیلات دانشگاهی =

دانشکده پزشکی دانشگاه تهران - 1332 - 1326 با کسب درجه ممتاز

تحصیلات تخصصی .

انترنی – بیمارستان مونت سینای شیکاکو با اخذ کلید طلا و دیپلم ممتاز

جراحی عمومی – بیمارستان کوک کانتی شیکاگو وبیمارستان هارپر دیترویت

تخصص جراحی مغز و اعصاب .

دانشگاه ویرجینیا شهر ریچموند

اشتغالات پزشکی

ریاست بخش جراحی مغز و اعصاب دانشکاه اموری شهر آتلانتا

ریاست بخش جراحی اعصاب دو بیمارستان هزار تختخوابی در ایالت آیوا

اشتغال به جراحی اعصاب در شهر لاس وگاس از سال 1978

دارای اجازه طبابت در 16 ایالت امریکا

ریاست جراحان اعصاب میدوست که شامل : ایوا – ایلینوی –نبرسکا –

مینسوتا – میسوری و داکوتای جنوبی است

ریاست جراحان اعصاب و آکادمی جراحان اعصاب

ریاست طب قانونی آمریکا

وبعدا ریاست جراحان اعصاب نوادا و کل آکادمی 20 سال

ریاست جراحان بین الملل و ریاست پزشکان کلارک کانتی و لاس وگاس

رییس گروه MS آمریکا - 15 سال

رییس گروه پاژت آمریکا - 20 سال

رییس بوکس و کشتی آمریکا 12 سال

فعالیت های غیر پزشکی :

کلوب روتاری بین الملل

کلوب Lion

اتاق بازرگانی نوادا – آیوا

کارهای ویژه ادبی و پزشکی در بخش های (در کسوت پزشکی و شاعری) خواهد آمد

باز نشستگی

در سال 2012 باز نشستگی از کارهای جراحی

ادامه فعالیت های پزشکی تا سال 2015

باز نشستگی کامل سال 2015 - فعالیت پزشکی تا سن 87 سالگی

فرزندان :

1- آرمان (حسین) فتحی - مهندس ساختمان - از دانشکاه سندیاگو

2- آرزو (ماریا) فتحی – دکتر متخصص داخلی و کودکان

3- رامین (اندره) فتحی – کارگردان فیلم دانشگاه UCLA و برکلی کالیفرنیا

نوه ها :

آریا نور

آیلا

نو ح

اسکندر

عکس ها سخن می گویند

زنده یاد آقای حسین فتحی پدر ارجمند پروفسور کاظم فتحی

تصویری از پروفسور فتحی در سن 15 سالگی

تصویر خانوادگی

از راست: دکتر آرزو – پروفسور فتحی – آرمان فرزند ارشد – همسر – رامین

پروفسور یحیی عدل در میان دانشجویان و رزیدنتها

نفرات نشسته : از چپ –دکتر صادقی – پروفسور فتحی – دکتر روشن

در کنکور انترنای آن سال :

رتبه اول – زنده یاد خانم دکتر باقر زاده

رتبه دوم - پروفسور فتحی

ر تبه سوم - دکتر روشن

رتبه چهارم دکتر صادقی

هیات عامله دانشگا جندی شاپور در انتظار ورود والاحضرت اشرف پهلوی

پروفسور فتحی نفر سوم از سمت راست

پروفسور فتحی در حال سخنرانی در کلوب روتاری تهران

پرفسور فتحی با پرزیدنت جورج بوش

پروفسور فتحی در کنار آقای الگور معاون پیشین ریاست جمهوری آمریکا

پروفسور فتحی در میان عکس – در قسمت چپ پروفسور ایتالیایی که آمده بود اجازه بگیرد سر یک بیمار را به بدن بیمار دیگر وصل کند

پروفسور فتحی اجازه چنین کاری را نداد

از راست – نفر دوم پروفسور فتحی – نفر چهارم پروفسور ایتالیایی

خانم لیلا حاتمی ستاره سنیما در کنار پروفسور فتحی

برنده جایزه اسکار در فیلم با کارگردانی اصغر فرهادی

تصویری از پروفسور فتحی

در سر میز ناهار در منزل انور سادات

در اتاق سخنرانی رادیو قاهره در مصر

دکتر فرهمند پور اولین دکتر ایرانی
که دیپلم تخصصی خود را از پروفسور فتحی دریافت نمود

دانشجویان ایرانی در ملاقات با وزیر فرهنگ مصر

خاطرات دیرین

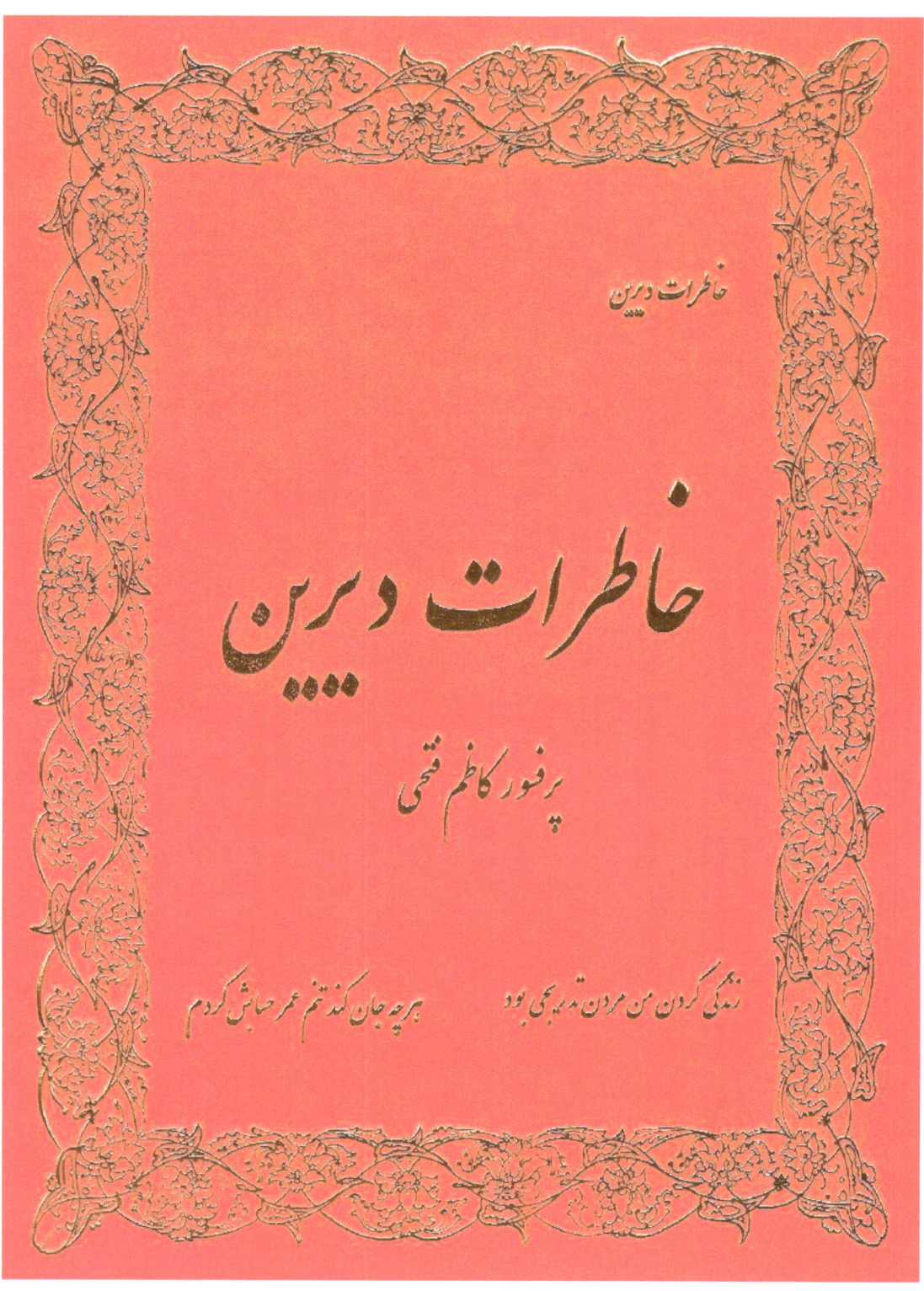

کتاب خاطرات دیرین

این کتاب حاوی 312 صفحه در دهه هشتاد سالگی نوشته شده و به چاپ رسیده است .

در مورد این کتاب نکاتی را باید یاد آور شوم :

1) میتوان گفت کتاب به نوعی زندگی نامه (اوتوبیوگرافی)پروفسور است . از کودکی شروع و تا تاریخ نگارش وقایع گوناکونی که برای او روی داده شرح داده شده است

2) کتاب با نثری ساده ، شیرین و جذاب نگاشته شده و خواننده چنان مجذوب آن می شود که رها کردنش را مشکل می پندارد

3) کتاب حاوی اتفاقات عجیب و جالبی است که برای نگارنده روی داده است . این وقایع می تواند راهنمایی شایسته باشد برای آنانکه میخواهند به آمریکا سفر کنند و در آنجا به تحصیل پردازند

4) مطالعه وقایع شرح داده شده این نکته را به خاطر می آورد که نگارنده از حافظه بسیار قوی و هوش ودرک بسیار بالایی برخوردار است . یاد آوری اتفاقاتی که در سن سه سالگی ، پنج سالگی ، نوجوانی ، جوانی ، دبستانی ، دبیرستانی ، دانشکاهی و ایام کار طبابت و جراحی روی داده همه حکایت از حافظه و هوش سرشار دارد.

در صفحات بعد نمونه هایی از این روی دادها آورده خواهد شد . اما آنکه بخواهد بهتر بداند باید کتاب را از آغاز تا انجام بخواند.

خاطره ای از سه سالگی

در سن سه سالگی بیماری مخصوصی به سراغ من آمدکه به اصطلاح عامه حالت شدید ناراحتی دستگاه گوارش بود که مرا بطوری ضعیف کرد که دکتر در آن تاریخ و در آن زمان قادر به معالجه من نبود و به اصطلاح مرا جواب کرد یعنی دیگر درمان شدنی نبودم

داستان براین گونه بود که مادر من وقتی مرا به سراغ حکیم محله برد جکیم دستور دادکه برای معالجه بهتر است که فقط غذای من برنج باشد و گوشت و مواد دیگری داخل آن نشود. بیماری من روز به روز بد تر میشد . یکبار مادرم به حکیم گفته بودکه من در روی برنج او قدری روغن و کمی ماست زده ام .حکیم با عصبانیت گفته بود این کار را نبایستی می کردی و حتی یک سیلی هم به صورت مادر زده بود . برای آخرین بار گفته بود من اورا جواب میکنم و بهتراست در فکر تهیه مدفن باشید . مادر این مطلب را با گریه به پدر گفته بود . هردو تصمیم گرفتند مرا به مشهد مقدس ببرند و در آنجا قبری بخرند و مرا در آنجا دفن کنند و بر گردند . در مشهد این طور که برایم تعریف کرده اند اول مرا به حرم امام رضا علیه السلام بردند و مرا با زنجیری به حرم مطهر بسته و به من گفته بودند بگو یا امام رضا مرا شفا بده تا بتوانم همه چیز بخورم من هم با زبان کودکی همین کار را کرده بودم بیست و چهار ساعت بعد که مرا به منزل آوردند متوجه می شوند که شفایی روی نداده است پس از نا امیدی تصمیم می گیرند غذایی به من بدهندتا بخورم و زود تر از شر من راحت شوند . و سپس به تهران باز گردند

در این موقع غذایی که خودشان می خوردند و مرکب بود از آبگوشت که غذای عادی آن زمان بود جلوی من می گذارند. بطوری که مادرم تعریف می کرد آنقدر ولع و گرسنگی به من روی آور شده بود که هرچیزی را از سفره نان و گوشت کوبیده و آبگوشت را می بلعیدم   در این موقع متوجه میشوند که ناراحتی من کم کم رو به بهبود رفته و در عرض سه هفته همه غذاهای عادی به من می دادند کم کم وزن من زیاد شد و فکر کردند که کاملا معالجه شده ام لذا مرا به تهران آوردند. در تهران تعداد زیادی از فامیل که فکر می کردند دیگر بر نخواهم گشت و دیدند که نه تنها برگشته ام بلکه بکلی بهبود یافته ام تمام لباس های مرا قیچی کردند و به عنوان تبرک برده بودند

سالها بعد در دانشکده پزشکی توسط استاد محترم دکتر قریب که روانش شاد باد در

یکی از درس های خود می گفت که کودکان اگراز پروتیین محروم شوند به اسهال و استفراغ شدیدی مبتلا خواهند شد که ممکن است به نابودی آنان منتهی شود . در این موقع از نظر علمی متوجه شدم که ناراحتی من کمبود پروتیین بوده و بهبود هم به واسطه رساندن پروتیین همراه با تقاضای شفا انجام شده است.

حالا شما می خواهید چگونه این مطلب را تعبیر کنید کلید آن دست خودتان است .

خاطره ای از دوران دبستان

خوب به یاد دارم که دوران دبستان چگونه بود . یکی از دانش آموزان در موقع خواندن انشاء در کلاس چهارم ابتدایی دچار تشنج شد و افتاد و دو روز بعد هم خبر دادنده در بیمارستان جان سپرده است. این اثر بسیار بدی روی افکار دانش آموزان آن کلاس گذاشت

به یاد دارم کلاس ها معمولا تاریک بود . صندلی ها بسیار ناراحت و زمستان چون خیلی سرد بودو بخاری هایی که در کلاس ها روشن می کردندتمام اطاق را خوب گرم نمی کردو بوی ذغال در تمام اطاق می پیچید . دانش آموزان اکثرا یا سرما خورده یا در این شرایط بیمار می شدند . یادم میآید که هر یک ساعت یک کارگر میله آهنی به کلاس می آوردو زغال سنگهارا زیر و رو می کرد تا آتش و گرما بیشتر شود . ولی رویهمرفته افرادی که در صف اول نشسته بودند گاهی گرم می شدند ولی صف های آخر کلاس به هیچ وجه این موهبت را نداشتند.

به هرحال کارنامه هایم را که به پدر و مادر نشان می دادم معمولا شامل نمرات خوبی بود . روزی که کارنامه کلاس سوم ابتدایی را به پدر نشان دادم و خوشحال بودم که این بارهم جایزه ای به من تعلق خواهد گرفتو یا لا اقل از من تشویق خواهد شد با تعجب زیادی روبرو شدم . زیرا پدر بدون سوالی مرا زیربغل گرفت و به دبستان باز گردانید . پس از گفتکو با مدیرو ناظم دبستان ، فراش مدرسه با فلک مخصوص آمد

و پاهای مرا در فلک گذاشت و شلاق زدبطوری که حرکت نمی توانستم بکنم و پدرم مجبور شد با گذاشتن من زیر بغلش مرا به منزل باز گرداند . من متوجه این عمل و شکایت پدر نبودم تا دو سه ماه بعد که این مطلب برایم روشن شد . در یک مهمانی درمنزل ما دختر یکی از خواهر زاده های پدرم که ده یازده ساله بودموقع بازی درحیاط خانه روی درخت گل یخ که برای پدرم خیلی عزیز بود افتاده و آن را شکسته بودو مادرم این عمل را تقصیر من گذاشته بودو البته مادرم برای اینکه پدر نسبت به مهمان عزیز کوچکش عصبانی نشود من بلا تقصیر را سپر بلا کرده بودو بعد هم پدر از من معذرت خواست که عمل درستی انجام نداده است ولی کار از کار گذشته بودو بنده هم بدون علت فلک شده بودم .

اشکم بدوید تا بگیرد راهش بر وی نرسید و دامن من بگرفت

خاطره ای از دوران دبیرستان

دوران دبیرستان من که شش سال بطول کشید با دیگر دانش آموزان فرق عمده ای نداشت. دبیرستان ما بنام دبیرستان 15 بهمن بود که بعد رهنما شد. در ابن دبیرستان رییس انجمن ادبی شده بودم. در دوران دبیرستان دانش آموز پرکار و خوبی بودم وبا ادبیات بیشر نزدیک بودم . همه همکلاسی هایم فکر می کردندکه به دانشکده ادبیات خواهم رفت . ولی این گونه نشد همکلاسی ها فکر می کردند اگر به کلاس طبیعی بروم حتما رفوزه خواهم شد . . این موضوع به من برخورد . بلافاصله کلاس طبیعی را اتنخاب کردم و در دبیرستان شاگرد اول شدم و همین جا بود که تصمیم گرفتم از کلاس طبیعی به شعبات مختلف آن یعنی دندانسازی ، دندانپزشکی ، دامپزشکی یا پزشکی بروم .

معلم نقاشی ما معولا سوژه کوچکی روی تخته سیاه می کشیدوما باید از روی آن کوپی می

کردیم و خودش معمولا در حال چرت و خواب بود . کلاس بسیار شلوغ می شد و منهم که مبصر کلاس بودم قادر نبودم آنهارا ساکت کنم .   معلم ادبیات آقای شمس تبریزی بسیار با قدرت ودر کلاس او هیچ کس حق صحبت و نفس کشیدن نداشت او به کار خودش وارد بود . در کلاس او گلستان سعدی و بوستان و کلیله دمنه را یاد گرفتم . متاسفانه به سرطان بینی دچار و زندگانی را بدرود گفت .

در آن دوران احزاب زیادی در ایران ظاهر شدندکه یکی از آنها حزب توده بود. روزنامه ای داشتند و شعبه ای هم در آذربایجان ایجاد کرده بودند که جعفر پیشه وری رییس آن بود روزنامه ای به نام مرد امروزتوسط محمد مسعود چاپ می شدکه مرتبا از شاه و بستگان او بد گویی می کرد و بعد هم در اداره روزنامه اش کشته شد و معلوم نشد قاتل اصلی چه کسی بوده است . من اصولا با احزاب و گروه های سیاسی همکاری نمی کردم ولی از دور آنهارا زیر نظر داشتم

خاطره ای از دوران دانشگاه

چون در پایان دبیرستان   کلاس طبیعی را انتخاب کرده بودم لذا می توانستم به یکی از دانشکده های پزشکی ، دندانپزشکی ، داروسازی یا دامپزشکی به شرط قبولی در کنکور بروم . در آن زمان هر دانشکده کنکور جداگانه ای داشت . اولین دانشکده ای که جواب کنکور را می داد دانشکده پزشکی بود . نام قبول شدگان در سالن دانشکده به دیوار نصب شده بود . با عجله از خیابان شاهرضا به طرف دانشگاه تهران سر بالا میرفتم که ببینم اسمم در لیست هست یا نه . در این فاصله خانمی که بعدا دانشجوی پزشکی وهمکلاس من شد بنام شیطانه سرودی با من سلام علیک کرد و گفت شما با نمرات خوبی قبول شده اید به حرف ایشان اعتنایی نکردم و برای اطمینان خودم به دانشکده رفتم و متوجه شدم   در ردیف اول قبول شده ام . و بعد ها متوجه شدم در دانشکده های داروسازی و

دامپزشکی هم قبول شده ام ولی دانشکده پزشکی را انتخاب کردم. در آن زمان حدود دویست نفر قبول شده بودند. چون از دانشجویان ده نفر را با خرج دولت به خارج می فرستادند لذا تعدادی جای خالی پیدا شد که جای آنهارا افراد بعدی پر کردند

دانشکده پزشکی باز شدو مثل همه دانشجویان سر ساعت در کلاس درس بودم و به آزمایشگاه می رفتم . کار دانشکده را خوب انجام می دادم.

در دانشکده پزشکی روزنامه ای بی طرف ایجاد کردم بنام دانشجو که فقط اخبار داشگاهی را چاپ می کرد و با توده ای ها و احزاب دیگر کاری نداشت و تیراژ آن بیش از 500 عدد نبود . در آن وقع در منزل پدری زندگی می کردم و از زندگی متوسط خود راضی بودم . در دانشکده پزشکی اشعارم را که معمولا عاشقانه و یا در باره موضوعی بود می خواندم و مورد تشویق دوستان قرار می گرفتم .

در سال سوم طب اتفاق ناگواری برای ما رخ دادو آن مرگ پدرم بود. یاد آوری مرگ او جالب توجه است و آن اینکه او مرد خیر و متدینی بود . و مرتبا در ایام عید و ایام مختلف به فقرا رسیدگی می کردو مورد توجه مردم ودوستان و فامیل بود و بازاری ها هم به او احترام می گذاشتند چون مردی با اعتبار در بازار محسوب می شد . سه چهار شب به عید مانده کامیونی اجاره کرده از لباس ، کفش ،کت و شلوارو لباس های مختلف دیگردر آن انباشته می کرد بامن و برادرم و جند نفر دیگربه منزل فقرا می رفتیم و از آنها سوال می کردیم چند فرزند دارند و اندازه آنها چیست و بین همه آنها لباس ها راقسمت می کردیم بدون آنکه پدرم بگوید از طرف چه کسی این هدایا رسیده. او عقیده داشت که اگر آنها متوجه نشونداز طرف کیست بهتر است و خداوندیشتر نذر شمارا قبول خواهد کرد. غالبا هم در منزل به فقراو غیره طعام می داد یادم می آید هفته ای یک باردر منزل ما بیش از 300 نفر می آمدندو می رفتند و غذا می خوردندو آشپزهای مختلف هم در آنجا کار می کردندو همه فقرا هم میدانستند چه موقع به این محل بیایند.

شبی پدرم به درد سینه مبتلا می شود. ما اورا به دکتر محل بردیم. گفت که این سرماخودگی

است و اورا گرم نکهدارید . فردا متوجه شدم که یکی از استادان که امراض قلب را تدریس می کرد گفته بود که علامت اولیه بیماری قلب چیست ومن این را به یاد داشتم به پدرم گفتم باید آن دکتر را خبر کردلذامن رفتم دکتر رفعت راکه دانشیار هم شده بودبه منزل دعوت کردم . ایشان پدرم را دید و گفت این ناراحتی قلبی است. بلافاصله باید از ایشان نوار قلبی گرفت. البته در آن زمان کار آسانی نبود . من به دانشکده پزشکی رفتم و تقاضا کردم چنان کاری را بکنند و یک کامیون عظیم الجثه رابا دستگاه بزرگ که کابل آن صد متر بودآوردند . کابل را به برق وصل کردیم . دستگاه داخل کامیون بود. با چه زحمتی نوار قلبی گرفته شد. این کار امروزه ظرف ده دقیقه در مطب انجام می شود . متاسفانه نتیجه نوار را سه روز پس از مرگ پدرم به ما دادند

در دانشکده تهران برای او مجلس ختمی بنام من گذاشتندو آقای دکتر پزشکیان که مامور خواندن نوار قلب بودگفت که پدرانفارکتوس قلبی کرده که دو سه روز پس از مرک پدر بود. به هر صورت پدرم به این درد شدید قلبی دچاربودو دکتر چند دارو دادکه من آنهارا گرفتم و برگشتم به منزل به محض آنکه خواستم دارورابه ایشان بدهم گفت مهم نیست و این کار را نکن من به دارو احتیاج ندارم من امشب مهمان حضرت امام حسین هستم .

این سخن برای من قابل قبول نبود فکر کردم حواسش را از دست داده است . در هر صورت درد او بحدی زیاد بودکه من سرنگ را جوشاندم وخواستم آمپول را تزریق کنم . آخرین کلمه که کا بود و حتی نتوانست آن را بگویدو صورتش سیاه و کبود شدو از دنیا رفت سن زیادی نداشت ساعت نزدیک 11 یا 12 بود . سیگار فراوان موجب آن شده بود.

سفربه کشور های خاور میانه و مصر

در آخر دوران طب نامه ای از مصر به ایران آمد که مصر علاقمند است یک سری دانشجویان شاگرد اول هر دانشکده را که تعدادشان به 16 نفر می رسیدبه مصر دعوت کند . از نظر غذاو هتل مسیولیت با مصر بودو یا کشور های دیگر ولی از نظر هواپیما و مسافرت دانشجویان می

باید که خود بلیط را بخرند. البته امتحانی هم قبل از حرکت در کاربود و آن زبان انگلیسی بود .
من در این امتحان شرکت کردم و قبول شدم و با یک سری دانشجویان دانشکده ادبیات ، پزشکی ، حقوق و دندانپزشکی که جمعا 16 نفر شدیم به مسافرت مصر حرکت کردیم در این زمان عبدالناصر نخست وزیر مصرنجیب را از کار انداخته بودو خودعبدالناصر ریاست جمهوری مصر راعهده دار بود . معاون اول او انور سادات بود . مدتی بیش از یک ماه در مصر مهمان عبدالناصر بودیم. وزیر فرهنگ مصر را ملاقات کردیم که شیخ حسن باقوری نام داشت. رییس دانشکده فنی را ملاقات کردیم که دکتر انسی بود . در مصربرای هتل محلی را داده بودندکه قصر قدیمی فایزه خواهر فاروق بودو خواهر دیگرش فوزیه زن شاه ایران بود. همه روزه گروه ما همراه با گروه های دیگراز فرنسه ، لبنان، اردن و ایتالیاو غیره که آمده بودند با اتوبوس به موزه های مختلف مصر می رفتیم و از شهر قاهره و دیگر شهر ها دیدن می کردیم که برای ما بسیار جالب بود .کسانی که در مصر همراه ما بودندمرکب بودند از 10 نقر پسرو 6 ننفر دختر.
گروه های دیگر هم مخلوط بودندو در اطاق های مختلف زندگی می کردند. یک شب که سه نفر دانشجویان ایرانی به گردش رفته بودیم در بازگشت چون قصر را سر ساعت 8 می بستند و راه دیکری نداشتیم که داخل قصر شویم از دیوار بالا رفته و وارد شدیم که به اطاق های خود رفته بخوابیم . ولی مجبور بودیم که شب ها هرجا هستیم در ساعت معین به داخل قصر بیاییم و تحت نظر باشیم .
قبل از مسافرت به مصر دو هفته در لبنان مهمان ریاست جمهوری لبنان – شمعون -بودیم وسپس به سوریه رفتیم و انجا هم رییس جمهوری سوریه که شکری قوانلی نام داشت از ما پذیرایی کرد. . بعد از اینکه به ایران باز گشتیم به دستور وزیردر بارو وزیر فرهنگ وقت به دیدار شاه رفتیم و داستان مسافرت خودرا شرح دادیم . مسافرت به مصر بسیار خوب بودو ما خاطره خوبی از آنجا با خود داشتیم . یادم می آید چون دکتر مصدق درمصر بسیار معروف بود هرجا می رفتیم از رستوران یا سینما از گروه ما اصلا پولی دریافت نمی کردند و بلیط را مجانی می دادند به احترام اینکه کشور ما دارای قدرتی است وآزاده مردی آنرا اداره

می کند .

تمام موزه های مصر را دیدن کردیم .   از قصر فاروق دیدن کردیم و حتی روی صندلی فاروق که از طلا ساخته شده بود نشستیم . در جزیره مخصوصی در اسکندریه که جزیره رویاها نام داردیا خواب های طلایی ، مجسمه های متفاوت زیبا و فراوانی بود که به خواهش ما با گاردی که مارا همراهی می کردیدیم و تصویر و عکس گرفتیم .

در باز گشت از مصر امتحانات فارغ التحصیلی نهایی ما در کلاس ششم طب شروع شد . دوران انترنی بعد از آن شروع می شد و دوران انترنی من در محل های بسیار خوبی بود و بالاخره در کنکور انترن هادر آخرین امتحان دانشکده پرشکی نفر دوم شدم . خانمی اول شد با 25 در صد بیش از من . ناگفته نماندکه در دانشکده پزشکی تهران انترنی من در محل های بسیار خوبی انجام شد که با پروفسور عدل و دکتر قریب و دکتر آهی بود و سه محلی بود که دانشجویان مایل به شرکت در ان ها بودند .

دیپلمی که به من دادند دیپلم ممتاز بود چون تز من به عنوان تزی که باید بعدا چاپ شودقبول شد .در این تز کمک های زیادی از طریق دکتر بهشتی ، دکتر وکیلی ، دکتر آرمین و غیره شد.

تز من در باره شوک ها ودرمان آن بودکه هنوزهم کوپی آن را دارم و فکر می کنم در حال حاضرهم مطالب آن زنده و تازه و خوب است و شاید قابل چاپ برای دانشجویان پزشکی باشد .

اقدام برای ادامه تحصیل و تجربه در آمریکا

زمانی که درس های طب را تمام میکردم و درجه ممتاز گرفته بودم و دوره انترنی من به پایان رسیده بودچون انگلیسی من نسبتا خوب بود خبری را خواندم که در آمریکا مشغول گرفتن انترن و رزیدنت هستند بخاطر اینکه کمبود پزشک دارندو این مطلب را با همکلاسی

هاو دوستان مطرح کردم و همه علاقمند بودند برایشان تقاضانامه پر کنم و بفرستم . یادم می آید حدود 35 تقاضانامه برای دوستان از سفارت آمریکا گرفتم و تقاضای انترنی کردم البته در محل های مختلف آمریکاو این عمل را مجانی برای آنها انجام دادم ولی پول تمبر را می گرفتم. یکی از آقایان همکلاسی می گفت شاید این یک شغلی است که دکتر فتحی پیدا کرده و مقدار زیادی از همه ما پول می گیردو خبری از نتیجه این عمل نیست در صورتی هر 35 نفر ورقه های قبولیشان از بیمارستان های مختلف آمریکا رسید قبل از آنکه ورقه قبولی خودم برسد بعد همه مطمین شدند که چه کاری کرده و چه قدم مهمی برایشان بر داشته ام و بی جهت از آنها پول نگرفته ام .

بعد از مدتی تقاضانامه من مورد قبول واقع و اولین محل را از بیمارستان سانت ساینای شیکاگودریافت داشتم . نوشته بودند یک نوار از صدای خودرابه انگلیسی برایشان بفرستم و مقدار زیادی اطلاعات دیگر خواسته بودند که ارسال شد .بعد قبولی کامل من از آن بیمارستان رسید که می باید روز اول ماه مارچ در بیمارستان حاضر شوم و قبولی خود رااعلام و به سر کار روم . در نامه قبولی نوشته شده بود حقوق ماهی 50 دلار است و غذا و یک اطاق کوچک هم برای یک سال در اختیارم خواهند گذاشت برای من که چیزی از نظر مادی نداشتم بسیار جالب بود که خوب در این حال که آنجا کار خواهم کردو مدرکی خواهم گرفت حقوقی هم به من خواهند داد و غذا و اطاق هم مجانی خواهد بود فکر می کردم که 50 دلار با تبدیل آن به هر دلار 7 تومان در ایران بسیار کم است و این مبلغ برای حتی واکس زدن کفش و تراشیدن سرتوسط سلمانی هم کافی نیست چه برسد به تفریحات دیگرو مثلا داشتن اتوموبیل خرید بنزین و غیره و در این حال عزای این را گرفته بودم که چگونه بلیط هواپیمای خود را از تهران به آمریکا بگیرم . بلاخره به خاطرم رسید که دستبند طلایی را که به عنوان جایزه از خواهرم گرفته بودم و قالیجه کوچکی را که دایی من به من جایزه داده بودبه فروش بگذارم . مبلغ این دو کافی خواهدبود با هوایمای چهار موتوره

ارفرانس از تهران به آمریکا پرواز کنم و شاید یکی دو روز هم پول جیبی داشته باشم تا به محل کارم در آمریکا برسم و این کار انجام شد . هواپیمای چهار موتوره از تهران حرکت و در پاریس نشست . در آنجا چون هواپیما خراب شده بود سه شب اطاق مجانی دادند . بعد ازسه روز با همان هواپیما به نیویورک حرکت کردیم . در هوا پیما شخصی کنار من نشسته بود که اهل لبنان بود ومی گفت که در آمریکا بوده و اطاقی در هتلی گرفته و من هم بهتر است در همان هتل اطاق بگیرم به ایشان گفتم که از نطر مادی نمی توانم در هتل گران قیمت اتاق بگیرم . ایشان گفت من جور شمارا می کشم ولی در ورود به آمریکا چون مرا بلا فاصله تحت نطر گرفتند از آن مرد جدا شدم و دیگر اورا ندیدم. علت اینکه در نیویورک مرا تحت نطر گرفته بودند این بود که در پاسپورت من مهرخروجی از ایران نبود ولی چون ویزا داشتم چمدان مرا توقیف کردند.. تقاضا کردم اگر ممکن است مرا به سفارت ایران در آمریکا یا کنسولگری ایران در نیویورک ببرندتا من اجازه لازم را بگیرم . بعد از مدتی معطلی و مشاوره آقایان مامورین پلیس فرودگاه قبول کردند که مرا به شهر نیویورک ببرند. ماشین پلیس آمد و دو پلیس اطراف من نشستندبا هفت تیر بازو مرا به نیویورک بردند . جاده وسیع و اتوموبیل هازیاد و هوا آلوده بود بلاخره مرا به ساختمان راکفلر پلازا رساندند و بعد با آسانسوربه طبقه سیزدهم این عمارت رفتیم در آنجا به کنسولگری ایران رجوع کردیم .

خوشبختانه آقای حسین حمزاوی کنسول ایران در نیویورک بود و مرا شناخت زیرا وفتی که از تهران خارج میشدم برای من جشن خداحافظی در دانشگاه تهران گرفته بودند و آقای حمزاوی هم در آن جشن بوده است .ایشان مرا بلافاصله شناخت واز پلیس ها پرسید علت چیست؟ گفتند که ایشان اجازه خروج ندارد. آقای حمزاوی با محبت زیاد بلافاصله در اتاق خودش مهری را برداشت و در پاسپورت من زدو گفت ایشان هیچ اشکالی ندارند و از ان زمان من آزاد شدم و فرصتی هم نکردم اقای حمزاوی را ببینم و از او تشکر کنم . در این موقع خیال پلیس ها راحت شد و مرا به فرود گاه بردند . در فرودگاه هنورز چمدان

من توقیف بودو داده نشد ولی مرا آزاد کردند.. با تاکسی به هتلی رفتم که در منطقه هارلم بودمنطقه بسیار بد و خطرناکی بودولی به علت آنکه به راننده تاکسی گفته بودم پول زیادی ندارم برای من آن هتل را انتخاب کردکه در محله سیاهان بنام هارلم بود .

باید بگویم در اتاق آن هتل نتوانستم بخوابم بعلت اینکه پرده نداشت و چراغ های نیون اطراف مرتبا در داخل اتاق نور می انداخت و سر و صدای مردم در اتاق های مجاور زیاد بود و صدای ترن ، ماشین و هواپیما در اطراف آن ناراحت کننده بود .

به هرحال در آن شب خوابی نکردم تا فردای آنروز که به محلی بنام ایستگاه (گری هاند) رفتم و بلیت تهیه کردم که با اتوبوس از آنجا به شیکاگو حرکت کنم

خاطره ای از روز اول ورودم به بیمارستان و ملاقات با خانم جفری مسیول دکتر های تازه وارد

وقتی به بیمارستان مونت ساینای رسیدم بلافاصله به دفتر خانم جفری که گرداننده و مسیول بیمارستان بود رفتم نامبرده خانمی قدبلند ، یهودی و بسیار بد عنق و بد قیافه بود . بعد از اینکه خودم را معرفی کردم گفت که ما منتظر شما بودیم و شما سه روز زودتر آمدید. شمارا میبرم به اتاق اورژانس که از حالا مشغول کار شوید . دست مرا گرفت وبردبه زیر زمین بیمارستان و 6عدد پیراهن و شلوار سفید در اختیارم گذاشت و بعد مرا به اتاق خوابگاه اتنرن ها بردوا تاق کوچکی را به من نشان داد و گفت این اتاق شماست بعد هم پرسید چمدان داری یانه ؟ گفتم چمدانم را در فرودگاه توقیف کرده اند . پرسید چرا ؟ گفتم نمی دانم و به من هم جوابی نداده اند گفت با تلفن تماس می گیرم ببینم چرا چمدان شمارا توقیف کرده اند

از این خانم خواهش کردم اگر ممکن است به من اجازه دهند 4 – 5 ساعت بخوابم و قدری حالم جا بیاید .ایشان با لحن بدی به من گفت اگر علاقمندی به استراحت بپردازی بهتر است برگردی به مملکت خودتان چون این جا ، جای استراحت نیست ! این سخن مانند مته در مغزم

فرو رفت و مثل توپ در سرم صدا کرد و واقعا درآن ساعت اگر پول بلیت هواپیمارا داشتم به ایران بر می گشتم ولی مجبور بودم هرچه می گوید رفتار کنم .لذا با همان حال به اتاق اورژانس رفتم . مرا به پرستاران اورژانس معرفی کرد و گفت این آقا انترن جدید اورژانس است و آقای بوش که یکی از انترن های سابق بود می تواند از امروزبه تعطیلی خودش برود .و چون ایشان سه روز زود تر آمده مشغول بکار می شود. از این نحوه ناراحت شدم چون اصلا وارد به کارهای بیمارستننی و کارهای اورژانس نبودم و نمی دانستم آنها چه کارهایی می کنند. هیچ راهنمایی از طرف کسی به من داده نشده بود. به هرصورت در اتاق اورژانس در انتظار ورود بیماران و معاینه و معالجه آنان نشستم .

این بیمارستان شاید برای خودش یک شهر بود دیدم که چندین داروخانه دارد و در قسمت های دیگر احتیاجات یومیه را دارد مثلا بانک داشت رستوران و پست خانه داشت و دارای 800 تختخواب بود. چنان عظیم بود که روز اول فکر کردم در یک بیمارستان نیستم بلکه در یک شهرم . بر نامه کارم از ساعت 7 صبح تا 11 شب بود. در این فاصله دوبار اجازه داشتم برای صرف غذا از اورژانس خارج شوم

فکر می کردم که در زندان شاید بهتر بود تا در اتاق اورژانس بیمارستان مونت ساینای شیکاکو

خاطره ای از روز های اول کار در اتاق اورژانس

در اتاق اورژانس بیمارانی می آمدند که باید آنان را معاینه وبعداز معاینه شرحی در دفتر می نوشتم و بعد با طبیب معالجش اگر مریض خصوصی بود صحبت می کردم واجازه می گرفتم تا داروهای مخصوصی را برایش تجویز کنم. متاسفانه عدم آشنایی من به این

موضوع برای من مشکلی ایجاد کرده بود که وقتی بیماران خصوصی وارد می شدند و من آنان را معاینه میکردم اسامی آنان خیلی طولانی و مفصل و تلفظ کردن نامشان مشکل و پیدا کردن نام طبیب آنان هم از دفتر تلفن به قطر 10 سانتی متری کار آسانی نبودو هر وقت هم به یکی از این پرستاران می گفتم ممکن است برای من این اسم را پیدا کنیدیا شماره تلفن راو یا تلفن به آن دکتر بزنیدبا عصبانیت می گفتند این وظیفه تواست و وظیفه ما نیست ومن تدریجا راه کار را یافتم. در آنجا در مقابل رزیدنت های دیگر هم مسیول بودم اگر فرضا مریضی از دسته بیماران جراحی بودباید با رزیدنت جراحی تماس بگیرم و همین طور برای سایر بیماران و این مراحل هر بار اشکالات زیادی داشت که باید به هرکدام از آنان تلفن می کردم و یا آنان را پیج می کردم تا جواب بدهند. آنها هم پرسش های مختلفی می کردند که اگر جواب درست نبود مورد شک و کلمات توهین آمیز قرار می گرفتم . از جمله یک بار بیماری آمد که بیماری او (تایرو توکسیکوز)بود و در ایران با اصطلاح فرانسوی آن به آن (بازدو) میگفتند و در آمریکا با اصطلاح انگلیسی (گریو) گفته میشد . وقتی رزیدنت داخلی از من سوال کرد تشخیص شما در این بیمار چیست گفتم این بیمار دچار بیماری (بازدو) است گفت بازدو یعنی چه گفتم یعنی بازدو . گفت نه این بیمار مبتلا به (گریو) است و شما اشتباه کرده اید گفم فکر نمی کنم چون (بازدو) تایروتوکسیکوز است و گریو هم همان است پس ما در باره یک بیماری با دو نام با هم جدال میکنیم. آنقدر این رزیدنت ها بد رفتاری می کردندکه فکر میکردم در سربازخانه هستم نه در بیمارستان .

داستان جالبی در اتاق اورژانس روی دادو آن این بود که مردی آمد از من تقاضا کردکه علاقمنداست یکی از چشم هایش را به 25 دلار بفروشد از او پرسیدم برای چه ؟ گفت من بیماری سل داشتم و در بیمارستان بودم و حالا خوب شده ام و مرخص شده ام ولی هیچ کس مرا حتی به کارگری قبول نمی کند و من از گرسنگی در حال مرگ هستم فکر کردم با فروختن یکی از چشم هایم شاید بتوانم مدتی زندگی کنم تا کاری پیدا کنم

من که تقریبا یک ماه در آن بیمارستان کارکرده و حقوق اولیه خود را گرفته بودم دست بیمار سیاه پوست را گرفتم و رفتم بانک چک را نقد کردم و به او گفتم این مبلغ را بگیرو برو زندگی رابگذران و نیازی نیست که چشمت را بفروشی . از من تشکر کرد ورفت و بعد به اتاق اورژانس آمدم و داستان را برای پرستاران گفتم . همه خندیدند و گفتند شما گول خورده اید در آمریکا از این گونه حقه بازی ها رایج است اما این طور نبود و آن مرد شش ماه بعد آمد و میخواست مبلغ 35دلاربه من بدهد که معادل قرض وربح آن بود گفتم این کار خیری بوده و احتیاج به بازگرداندن آن نیست .

پرسیدم کار پیدا کرده ای یانه ؟ گفت بله کار پیدا کرده ام و حقوق خوبی هم به من میدهند خوشحال شدم و دست اورا گرفتم و آوردم به اتاق اورژانس و به پرستارانی که مرا مسخره می کردندنشان دادم و گفتم ببینید همه یکسان نیستند و این داستان برای شما درس عبرتی باشد که به همنوعان خود خدمت کنید

دریافت کلید طلایی

در پایان دوره انترنی در بیمارستان مونت سانیای شیکاگو جشنی گرفته شد و فارغ التحصیلان را معرفی کردندو به من کلید طلایی داده شد . گفتند که در 15 سال گذشته هیچ انترنی موفق به دریافت آن نشده است . علت هم این بود که من بسیار کار میکردم. بعضی وقت ها از صبح تا شب و از شب تا صبح کار کرده بودم. این مطلب نشان می داد هرکس میخواهدامتیازی بدست آورد باید بسیار کارکندو هرکس میخواهد به درجات بالا برسد باید بیخوابی بکشد .

داستان چمدان توقیف شده

در اوایل ورودم به آمریکا مرا تحت نظر قرار دادند و چمدانم را هم توقیف کردند علت توقیف چمدان برایم روشن نبود به رییس بیمارستان مطلب را گفتم او نامه نوشت و علت را جویا شد و معلوم شد علت توقیف وجود دوعدد آمپول مورفین در چمدان بوده است . نامه آمد که آقای دکتر فتحی شما خیلی شانس آورده اید .. حمل مورفین

به آمریکا بسیار خطرناک و غیر قانونی ایست و مجازات زندان دارد . اما وقتی آمپول ها مورد بررسی قرار گرفت معلوم شد داخل آنها فقط آب است و این موجب رهایی شما از زندان شده است. مطلب از این قرار بود که مادرم در وقت بستن چمدان من آنچه داروی اشانتیون داشتم به فکر اینکه ممکن است به درد من بخورد در چمدان من ریخته بود . در میان آنها دو عدد آمپول که روی آن نوشته شده بود مورفین هم وجود داشت و همین مطلب باعث توقیف چمدان من شده بود خوشبختانه محتوی آمپول ها آب بوده است که به شکل تقلب در آنها ریخته بودند این نکته دو مطلب را به ما می آموزد :

یکی این که مادرم نمی باید داروهارا بدون اطلاع من در چمدان میریخت و دوم تقلب در ساخت داروها در ایران است . در زمانی که تعدادی لهستانی هارا به ایران آورده بودند و بیماری تیفوس شایع شده بود دایی من دکتر ایزد بیماران تیفوسی را معالجه می کرد ایشان می گفت بیماران با داروی وارد شده از خارج بهبود می یابند اما داروهای ساخت ایران بی اثر است معلوم شد که کپسول های اوریو مایسین که در ایران توسط افراد خاین ساخته می شود محتوی آنها زردچوبه است که موجب هلاکت بیماران می شد. متاسفانه این خیانت بزرگ موجب تلف شدن تعدادزیادی از مردم شد وکسی هم نبود که جلوی این متقلب هارا بگیرد

هنوز هم برخی مردم از خرید داروهای وطنی سر باز می زننند چون ترس آن دارند که تقلبی باشد و اثر نکند .

داستان ازدواج

در پایان سال تحصیلی در شیکاگو، درست روز های آخری که از فلوریدا باز گشته بودم و علاقمند بودم اثاثیه خود را جمع کرده و مستقیما به شهر دیترویت بروم و دوران فعالیت رزیدنسی راشروع کنم تصمیم گرفتم در شیکاگو یک رزیدنسی کوتاه مدت در بیمارستان لوترن بگیرم و در رشته جراحی کار کنم وبعد نزدیک به سال دوره رزیدنسی به دیترویت

بروم و همین کار را کردم . در بیمارستان دکونس اعمال جراحی فراوان بود و شاید روزی 5– 6 عمل جراحی را کمک می کردم بیمارستان کوچک خوبی بود آن سختی ها و شقاوت هایی که در بیمارستان مونت ساینای وجود داشت در این جا دیده نمیشد اطبا باهم بسیار دوست بودندو وضعیت مانند بیمارستان سابق نبود

در این مدت که در شیکاگو بودم در یکی از جشن های پزشکان در رستورانی دختر خانمی راملاقات کردم که زاده کشور سوید و شهر گوتنبرگ بوددر آن مجلس یکی از دکتر های بیمارستان قبلی که فرزند چهارم اورازایانده بودم با من و ان دختر خانم آشنا شد و مارا به رستورانی دعوت کردو سپس خود او برنامه عقد و عروسی مارافراهم کرد با اینکه من به دیترویت رفته بودم او همچنان کمک میکرد که این عروسی سر بگیرد و بالاخره عروسی در شهری در ایالت ایندیانا انجام شد .

یک عاقد مصری عقداسلامی را به زبان عربی و انگلیسی خواند

یک عاقد آمریکایی عقد را به زبان سویدی اجرا کرد

یک آمریکایی هم عقد را به زبان انگلیسی اجرانمود

عاقد مصری قبل از عقدهمسر مرا به به مذهب اسلام و شیعه اثنی عشری در آورد و بعد عقد انجام شد

پس از مراسم و جشن و مهمانی کوچک همان شب همسرم و من به طرف آبشار نیاگارا حرکت کردیم . درراه تا آبشار نیاگارا از برخی بستگان همسر و خودم دیدن نمودیم.

دوران رزیدنتی در شهر ریچموند

پس از ماه عسلی کوتاه به اتفاق همسرم به شهر ریچموند واردشدیم ومستقیما به بیمارستان دانشگاهی رجوع نمودیم . اتاقی را به ما نشان دادند که باید چهار سال در ان زندگی کنیم اتاق کوچکی بود با دو تخت کوچک ویک دستشویی واقع در خوابگاه رزیدنت ها .

اجازه طبخ غذا در اتاق نداشتیم و باید در زیر زمین همان ساختمان به کافه تریای مخصوص

برویم وبرای صبحانه ، ناهار و شام غذا تهیه کنیم .

حقوق من با ماهی 50 دلار در ماه شروع شد

.مقداری از آن را بابت مالیات و مقداری هم بابت اقامت همسر بر می داشتندو آنچه به دست

من میرسید ماهی 10 یا 15 دلار بیشتر نبود

رزیدنتی جراحی اعصاب را در آنجا شروع کردم

در خوابگاه ما دو خانم به عنوان سرایدار در ساعت های مختلف می آمدند و مواظب بودند

کسی در اتاق غذا نپزد ویا پسر و دختری به اتاقهای هم نروند

همسرم که اهل سوید بود در دستشویی اتاق یک دستگاه کوچک غذا پزی درست کرده بود

گاهی غذایی می پخت . اگر غذای ایرانی می پختیم بوی آن در سالن می پیچید و خانم

سرایدار اعتراض می کردولی همسرم برای راضی کردن آنها یک بشقاب از غذای ایرانی

رابه اتاق آنان میبردو از انها تقاضا می کرد بچشند ومهمان ما باشند بدین ترتیب با ما

دوست شده بودند و اعتراض بر طرف شده بود

در کفتگوی با این سرایداران اطلاعات مفیدی به دست می آوردیم

یکی از این موارد این بود که می گفتند یک دختر زیبای اسپانپایی برای رزیدنتی آمده

و یک دکتر ایرانی که انترنی میکرده به علت تنهایی نیمه شب درب اتاق این خانم را

باز میکند و داخل اتاق می شود و مواجه با داد و فریاد آن خانم میشود همه ساکنین خوابگاه

از عمل ناپسند آن دکتر آگاه می شوندو متاسفانه موجب اخراج او می شود.

خاطره ای از دو بیمارستان گوناگون

در بیمارستانی که کار می کردم دو شعبه داشت . یکی بنام M.C. V یعنی بیمارستان

دانشگاهی که ویژه بیماران سپید پوست بودو سیاه پوستان اجازه بستری شدن در آن را

نداشتند. و دیگری بنام سنت فیلیپ که مخصوص سیاه پوستان بود .و. نرس ها هم سیاه

پوست بودند .

برای من شگفت آور بودکه میدیدم در آمریکا چه تبعیض نژادی برقرار است روسای ما که سه نفر سپید پوست و مشهور بودندهیچگاه به بیمارستان سیاه پوستان پا نمی گذاشتند . کارهای سیاه پوستان به عهده رزیدنت ها بود و رزیدنت ها در این بیمارستان فعال مایشا بودندو روی سیاه پوستان عمل می کردند و از اشتباهات خودشان هم سر افکنده نمی شدند و معذرت نمی خواستندو تعقیب قضایی هم در کار نبود داستانی را باید نقل کنم که درخاطرم مانده است .

دختر خانمی را به بیمارستان آوردند که دچار (دوبینی) بودیعنی هرجسمی را در برابر چشمان او می گذاشتند آنرا دوتا می دید . آزمایش ها و عکس برداریها انجام شد همه عادی بودو مطلب را با رییس بخش جراحی اعصاب مطرح کردیم . گفت بروید و مغز اورا باز کنید و ببنید اشکالی وجود دادر یا نه . گفتیم که آزمایش ها و عکس برداری ها همه طبیعی بوده و نیازی به باز کرد مغز نیست اما ایشان اصرار داشت که شما به این کارها کاری نداشته باشید و برای تمرین هم که شده مغز این دختر سیاه را باز کنید . رزیدنت مربوط مجبور بود دستور اورا اجرا کند یادم میآید وقتی به دکتر جراحی اعصاب گفت من حاضر نیستم مغزی را بازکنم که نیازی به بازکردن آن نیست او گفت شما اگر میخواهید شغلتان را نگاه دارید و از اینجا مدرک بگیرید بهتر است حرف مرا گوش کنید و بروید آنچه من می گویم انجام دهید . سر بیمار را باز کنید . آن اقای دکتر ایتالیایی هم آمد و سر بیمار را باز کردو مشاهده کرد . چیزی دیده نمی شود مراتب را به رییس اطلاع دادو گفت چیزی پیدا نکرده ایم . رییس جراحی اعصاب گفت یکی از دو عصب بینایی دختر را ببرید ایشان نمی خواست این کار رابکندولی ناچاربه اطاعت بود لذا یکی از دو عصب بینایی دختر را قطع کرد بعد از اینکه بیمار بهوش آمد از یک چشم کاملا کوربودولی دیگر دو بینی نداشت خیلی هم راضی بود و متوجه نبود از یک چشم کور است و اصرار داشت رییس بخش جراحی اعصاب را ببیندو از او تشکر کند در حالی که عمل جراحی توسط یک رزیدنت انجام شده بود . ما به رییس بخش گفتیم آن دختر مایل است شمارا ببیند و تشکر کند

اگر ممکن است برای چنددقیقه به آن بیمارستان بیایید و دختر را ببنید چون می خواهد از شما تشکر کند . گفت میدانید که من نباید به بیمارستان سیاه پوستان بیایم اورا مرخص کنیدو بگویید به مطب من بیاید

این تبعیض نـژادی عمیقا مرا ناراحت کرد

این مطلب تنها دربیمارستان نبود و صدق نمی کرد بلکه در همه جا در تمام رستوران ها نمی توانستید سیاه و سپید پوست را کنار هم ببینید

در اتوبوس ها سیاه پوستان باید در عقب اتوبوس بنشینند و سپید پوستان درجلو و حتی در پارک های شهر هم برای آب نوشیدنی لوله مخصوص برای سپید پوستان بود که سیاهان حق نداشتند از آن آب بنوشند . لوله دیگری بود که بر آن نوشته بودند مخصوص سگ و سیاه پوست .

رییسان بخش جرای اعصاب سه نفر بودند . یکی از آنان بسیار قسی القلب و بی مروت و نا جنس بود .حرکاتی می کرد و اعمالی در جراحی انجام می دادکه ناشایست بود . کسی هم نمی توانست اورا از کارش باز دارد

رفتارش نسبت به رزیدنت ها و پرستاران و بیماران بسیار ناهنجاربود

متاسفانه کسی هم جلو دارش نبود .

خاطره ای عجیب از دوران آموزش

در یکی از شب هایی که کشیک بودم در بیمارستان سپید پوستان ، مریضی را به بیمارستان سیاه پوستان آوردند و به من تلفن شد که آقایی در این جا با پای خودش آمده که چاقویی در سرش هست به پرستار گفتم لابد چاقو از استخوان سرش رد نشده است . گفت نه رد شده است برای اینکه فقط دسته چاقو را می بینیم .پرسیم دسته چاقو کوچک است؟ گفت نه این چاقوی آشپزخانه و چاقوی گوشت خرد کنی است. گفتم از سر او عکس بگیرید تا بیایم. وقتی به اتاق اورژانس

رسیدم و عکس هارا نگاه کردم متوجه شدم یک چاقوی بزرگ به طول 12- 14 سانتی متر و به پهنای حدود دو ونیم سانتی متراز طرف راست به طرف چپ رفته و نوک چاقو در طرف چپ کاسه سر در داخل مغز رد شده است . همه متعجب بودند چگونه این شخص بیهوش نشده وخونریزی نکرده و با پای خودش به بیمارستان آمده است .وقتی از آن شخص پرسیدم چگونه این اتفاق افتاده است گفت من و شوهر خواهرم گفتگویی داشتیم او از من عصبانی شد و مرا انداخت روی میز آشپزخانه چاقو را برداشت و در سرم فرو کرد گفتم جریان رابه پلیس گزارش دادی گفت نه چون نمی خواهیم خانواده سیاه پوست به چنگ پلیس بیفتد بیمار را پس از آماده کردن به اتاق عمل بردیم .فکر می کردم اگر چاقو را از مغز او بیرون بیاورم حتما بقدری خونریزی خواهد کرد که روی تخت عمل خواهد مرد . ولی بعد از اینکه قسمتی از استخوان سر را بر داشتم چاقو را به آهستگی خارج کردم با کمال تعجب خونریزی پیش نیامد اما چاقوعصب بینایی چشم راستش را بریده بود که از ان چسم کور شده بود . اقدامات بعدی انجام شدو مریض را به بخش فرستادیم و روز بعد هم مرخص شد

داستان این بیمار موجب شگفتی بود عکس سر این بیمار را هنوز هم دارم ووقتی به آن نگاه میکنم ازاین عمل جراحی جالب در خاطرات قدیم تعجب می کنم که این بیمار چگونه زنده ماند.

شروع به کار طبابت شخصی

از آنجا که اجازه طبابت در چند استان را داشتم تصمیم گرفتم به ایالت آیوا بروم لذا مسافرتی به آنجا کردم و تمام اطلاعات ده شهر آیوارا روی کاغذ یادداشت کردم و پس از بازگشت آنهارا باهم مقایسه کردم و سر انجام شهر (سیدار رپید) را انتخاب کردم . طبق اطلاعی که پیدا کرده بودم در آن شهر یک جراح اعصاب مطب داشت . در یک مسافرت یکروزه در آن شهر ، آن جراح مغز و اعصاب را پیدا کردم و از اودعوت به ناهار نمودم معلوم شد کار

هایی که انجام میدهد کارهای دقیق جراحان اعصاب نیست و بیشتر کارهای ابتدایی به منظور کسب درآمد انجام میدهد به من گفت تصمیم دارد به ایالت فلوریدا برودو می خواهد مطبش را با وسایل آن بفروشد لذا تصمیم گرفتم آن را خریداری کنم .

از آتلانتا با همسرم اثاثیه را در واگنی گذاشتم و آن را با اتوموبیل خودمان می کشیدیم وقتی به ویرجینیا رسیدم دیدم حوصله بردن ماشین و این واگن را ندارم لذت کسی را استخدام کردم که ماشین و واگن را تا شهر سیدار راپید ببردو ما با هوپیما به آنجا رفتیم .

در آنجا به دنبال مسکن می گشتیم . جایی پیدا نمیشد تا اینکه آپارتمانی در خیابان 35 که تازه ساخته شده بود پیدا شد آنجارا یک ساله اجاره کردم و این اولین منزلی بودکه در آمریکا اجاره نمودم . کرایه آن در آن زمان کم بود و پول نقد من هم خیلی کمتر.

سراغ مطب دکتر والس جراح اعصاب رفتم و با ماشین نویس او تماس گرفتم . مطب را به من تحویل دادند . مجبور شدم کرایه های عقب افتاده آن را هم بپردازم . وقتی به داخل مطب رفتم دیدم بر عکس آنچه قول داده بود همه اثاثیه را خالی کرده حتی یک میز و صندلی و پرده هم وجود نداردلذا به مغازه های مختلف رفتم پرده و مبل و فرش و میز تحریروغیره را قسطی خریدم . بعدا مطلع شدم که منشی مطب روابط نامشروع با دکتر داشته و زندگی خود و دکتر را به هم زده است . . ناگزیر یک سال با او کارکردم .

هفته دوم به بیمارستان ها رفتم و اجازه طبابتم را نشان دادم و عضو دو بیمارستان شدم یکی بیمارستان سنت لوکس و دیگری بیمارستان مرسی . این دو بیمارستان بسیارخوب و مجهز و درجه یک بودند . پس از یک سال کار کردن به مقام ریاست بخش جراحی اعصاب این دو بیمارستن انتخاب شدم و بعد ها هم به ریاست انجمن جراحان مغز و اعصاب تمام میدوست شامل ایوا ، نبرسکا ، مینسوتا ، ایلینویزو ویسکانسین انتخاب شدم .

داستان دیگروسایل جراحی دکتر والس است که به من گفته بود تمام وسایل دربیمارستان موجود است. اولین بیماری که به سراغ من آمد بیماری بود با غده سرطانی مغز که باید آن را عمل میکردم . وقتی به اتاق عمل رفتم که وسایل جراحی اعصاب را به

من نشان دهند گفتند ما هیچگونه وسایل آن را نداریم . پرسیدم پس دکتر والس چگونه عمل می کرد. گفتند اثاثیه متعلق به خودش بود و باخود برده است.

ناچارشدم خودم وسایل را تهیه کنم . بلافاصله به شرکت مخصوص وسایل بنام کادمن رفتم . مامور آن شرکت پس از 4 ساعت پرواز به شهر ما آمد . تا ساعت 4 صبح وسایل مورد احتیاج را درخواست کردم که یاداشت شد و قیمت آنهارا هم نوشت و موافقت کرد که پول اجناس را قسطی پس از شش ماه از من بگیرد چون میدانست که جراح هستم و توانایی پرداخت را خواهم داشت بعد از یک سال موفق شدم قروض خودرا پرداخت نمایم

بعد از دوسال با پرداختن مخارج و کار سنگین در بیمارستان توانستم قطعه زمین کوچکی در ایوا بخرم و کم کم آماده ساختن آن شوم و خانه مناسبی برای خانواد تهیه نمایم . قرار بود بعد از سال سوم شروع به ساختمان آن بکنم که گرد بادی آمدو تمام درخت های زمین را انداخت و مخارج زیادی برای ما ایجاد کرد

دختر من هم در این شهر به دنیا آمد

گرفتاری های ما یکی دو تا نبود تا اینکه شروع به ساختمان منزل کردم

فرزند سوم من هم در آنجا به دنیا آمد .

داستان مامورین مالیات

روزی در مطب نشسته بودم منشی آمد و گفت یک مامور مالیات آمده و مدارک مالی و مادی شمارا مطالعه میکند . آن مامور هر روز می آمد و مدت 6 ساعت مشغول بررسی بود. . مطالعه این مامور 8 ماه به طول کشیدو هنوز ادامه داشت از او پرسیدم چند ماه دیگر طول می کشد؟ گفت متاسفانه چون مطلبی خصوصی دارم باید از مامور دیگری خواهش کنم مدارک شمارا مطالعه کند گفتم مطلب خصوصی شما چیست؟ گفت 4 سال پیش دچار تصادف اتوموبیل شدم

و شما مرا از بیهوشی نجات دادید لذا نمیتونم برای پرونده شما تصمیم بگیرم . و کار را به مامور دیگری واگذار می کنم . گفتم چرا روز اول نام خودرا به من نگفتید و من شمارا نشناختم .

بی انصافی است که بعد از 8 ماه معطلی نتوانسته اید کار خودرا انجام دهیدو حالا کارا به دیگری محول می کنید لابد اوهم 8 ماه میخواهد بر رسی کند مامور خداحافظی کرد ورفت

مامور دیگری آمد که او هم به همین برنامه ادامه داد. از او پرسیدم اشکال شما در کجا است که اینقدر برنامه هارا بررسی می کنید . گفت شما برای فرزندان خودحساب پس انداز باز کرده اید و برای هر کدام مبالغی پول گذاشته اید . این پول ها درآمدی داشته که مشمول مالیات می شده است . ایرادی به افتتاح حساب پس انداز نیست ولی مالیات مربوط پرداخت نشده است .

شما وقتی حساب پس انداز باز میکنید یا هدیه ای و تحفه ای می دهیدباید درخواست نامه ای به نام gift certificate پر کنیدو شما این کار را نکرده اید . گفتم این مطلب را کسی به من نگفته است . و بانک هم اطلاعی ندادکه برگی را باید پر کنم . گفت عدم اطلاع موجب گذشت نمی شود .. حالا نه تنها باید مالیات دهید بلکه باید حسابهایشان راهم مسدود کنیدو جریمه هم بپردازید . ولی هنوز مقدار آنرا برآورد نکرده ایم . این شخص هم شاید حدود 8 ماه دیگر مشغول آن کاربودکه دیگر خسته شده بودم . او هر روز می آمد در مطب من تمام برنامه هارا زیر نظر داشت و مزاحم من ومنشی بود و بالاخره هم نمی گفت چقدر باید بپردازم .

از کار او مستاصل شده بودم به وکیل خودم زنگ زدم و گفتم اگر ممکن ست فردا بامن باشید که با هم به اداره مالیات برویم اوهم آمد و به اداره مالیات رفتیم مستقیما به دفتر رییس کل رفتیم خانم منشی گفت چون وقت ملاقات نداریداجازه ندارید وارد اتاق رییس شوید گفتم مجبورم وارد شوم و وقتی وارد شدم گفتم مامورین شما 16 ماه است که در مطب من نشسته و مطالعه می کنند وو قت مرا میگیرند . رییس گفت از مطلب اطلاعی ندارم . چکی روی میز او گذاشتم و گفتم هرچقار هست بنویسید و نقد کنید . من از فردا اجازه نمیدهم آن مامور به مطبم بیاید و هفت تیرم را نشان دادم که اگر باز بیاید اورا خواهم کشت و این وکیل من هم شاهد خواهد بود . شما نمی توانید همه روزه وقت مرا گرفته و از مطب من سوء استفاده نمایید و خاطر مرا

به خاطر مالیات که خلافی نکرده ام مغشوش کنید. ایشان چک را گرفت و گفت از فردا به مطب شما نخواهد آمد چک را بدون هیچ خجالتی 32 هزار دلار نوشت و کوپی آن راهم به من دادکه در دفتر خودم ضبط نمایم . از فردای آن روز ماموری نیامد و راحت شدم .

وکیلم گفت پس از تحقیقات کافی متوجه شده که من نباید وجهی می پرداختم و می گفت اگر به دادگاه میرفتیم برنده می شدیم . البته وکلا هم لطفی به مشتری ندارند و شاید دوبرابر مبلغی که دادم باید صرف وکیل می کردم

در آمریکا باید همه مردم از قوانین مالیاتی آگاه باشند و ندانستن قانون موجب خلاصی از آن نمی شود

این قوانین بقدری زیاد هستند که هیچکس قادر به آگاهی از همه آنهانیست حتی وکلا .

داستان ملاقات با لویی آرمسترانگ

در آمریکا ستاره های سر شناس موزیک گا هی به شهر ما می آمدند و با آنها آشنا می شدم .
یگی از آنها لویی آرمسترانگ سیاه پوست آمریکایی ، معروفترین موزیسین جازو آواز خوان بود . از او دعوت شده بود که برای اجرای موزیک به شهر ما بیاید . برنامه در سالن بزرگی

به گنجایش دو تا سه هزار نفر برگزار می شد و در شبی که برنامه او اجرا می شد درست نیمساعت پس از اجرای برنامه ، شخصی آمد و برنامه را قطع و اعلام داشت آقای دکتر فتحی خواهشمنداست خودتان را به مامور نگهبانی معرفی کنید .   در بیمارستان تصادف شدیدی شده و شما باید به اورژانس بیمارستان بروید من از جا برخاستم و عازم بیمارستان شدم .   آقای لویی آرمسترانگ خیلی عصبانی شده بود که چرا موزیک و آواز ایشان را قطع کرده اند . سه ماه بعد ایشان را در فرودگاه سانفرانسیسکو دیدم و پس از معرفی با او صحبت کردم او گفت درتمام عمرم هیچوقت اتفاق نیفتاده بود که موزیک را قطع و کسی را صدا کنم . بعد با معذرت گفتم یکی از آنها که تصادف کرده بود فرزندیکی از برجستگان و بزرگترین ثروتمند شهر بود و آنها هم با موقعیت خوشان مجبور شدند مرا از وسط سالن به بیمارستان ببرند و خوشبختانه آن مصدومین معالجه شدند و نجات یافتند.

در همین ملاقات کوتاه با هم دوست شدیم و از من خواست گاهگاه تلفنی با هم صحبت کنیم و من هم درخواست اورا اجابت کردم و گاهگاه باهم گفتگو می کردیم .

داستان سنتور و نوازندگی

داستان نوازندگی من در سن 57 سالگی شروع شد ولی از سن 19 سالگی علاقه به نواختن سنتور داشتم و از صدای آن خوشم می آمد و سنتوری خریدم وعلاقمند شدم کم کم شروع به یاد گرفتن آن کنم . در همان زمان زبان انگلیسی را در انجمن فرهنگی پروین یاد می گرفتم . شبی که از دبیرستان به خانه می آمدم سنتورم در داخل بخاری می سوخت . پدرم چون به آلات موسیقی علاقه نداشت   و آن را بد می دانست این بود که آنرا سوزاند و من دیگر سنتور نداشتم تا زمانی که به آمریکا آمدم و تقاضای خرید سنتور از ایران کردم که برایم دو سنتور فرستاده شد .

یکی از آنها دروسط راه شکسته بود و دیگری در شیکاگو توقیف شده بود که به من هرگز نرسید در سن 57 سالگی در آمریکا سنتوری تهیه و کم کم شروع به نواختن کردم .   در آن موقع معلمی نداشتم و مجبور بودم تمام دستگاه ها و گوشه ها را از خودم یا صفحات موزیک یاد بگیرم شاید

ماهی نیم ساعت بیشترفرصت این کار را نداشتم زیرا شب ها که به خانه می آمدم ساعت ده و نیم یا یازده بود که اول به باغچه و درختان میوه سرکشی می کردم و سپس به نواختن سنتور مشغول می شدم تا ساعت یک و صبح بعد به جراحی اعصاب می پرداختم . یعنی از ساعت هفت و نیم صبح . با خوانئن کتابهای مختلف از استادان معروف سنتور به این هنر آشنایی پیدا کردم . می باید تمام کارهای آن را از درست کردن ،کوک کردن و غیره یاد می گرفتم .

در این هنر هم دنیای وسیعی وجود دارد که بهتر است از کودکی با آن آشنا شویم . و در دبستان ها و دبیرستانها آن را بیاموزیم علاقه من به نواختن سنتور برای شخص خود و ایام بیکاری است و چون با معلمی کار نکرده ام در برابرحضار نوازندگی نمی کنم . گاهی هم دنبک زدن و نواختن فلوت را تمرین می کنم هیشه آرزو داشتم در فن موزیک پیشرفت داشته و یکی از آلات موسیقی را خوب بنوازم که متاسفانه نشد و خودم را هرزه نواز می خوانم

انجمن جراحان جهان

32سال پیش به انجمن جراحان جهان وارد شدم و اسم نویسی کردم و جزء اعضای اتخاب شده و معرفی شده به حساب آمدم . از آن تاریخ به بعد مقام های مختلف از جمله ریاست کمیته های مختلف و سردبیری ریاست نوادا و مقام های خزانه داری و معاونت را گرفتم تا در سال 1998 که رییس کل جراحان جهان در آمریکا شد م . جمعیت جراحان جهان در آمریکا به تنهایی بیش از 4000 تا 6000عضو دارد. در هندوستان 15000 و در ژاپن بیش از ده تا دوازده هزارعضو این انجمن هستند. اعضای آمریکایی و ژانی بیش از همه مخارج این جمعیت را می پردازند. اعضای هندی یا ایرانی خیلی کمتر می پردازند . وقتی رییس این انجمن شدم اقایی به نام (سراتو) مبلغ یک میلیون دلار اهدا کرد که به نام من یک Scholarship برای دانشجویان و پزشکان دنیا داده شود .. بعدا به عنوان سر دبیر مجله جراحی در آمریکا انتخاب شدم که هنوز هم ادامه دارد

انتقال به لاس وگاس

پس از مدت ها زندگی در آیوا و انجام اعمال جراحی بسیار تصمیم گرفتم به لاس وگاس بروم

قبل از انتقال باید خانه ای را که داشتم بفروشم که مدت ها طول کشید تا فروش انجام شد

در لاس وگاس باز هم مشغول به جراحی اعصاب شدم شروع کار و تشکیل مطب و تهیه خانه دشوار و با ناراحتی های فراوان همراه بود . انتقال من به لاس وگاس در سال 1978 یک سال پس از انقلاب ایران بود . در لاس وگاس چهار نفر جراح اعصاب بودیم که باید پنج بیمارستان بزرگ را اداره میکردیم . کارها زیادو خسته کننده و فرصتی برای تفریح .جود نداشت .

هر روز 2 یا 3 عمل جراحی بزرگ انجام می دادم و شب ها هم مشغول مداوای بیماران صدمه دیده بودم

لاس وگاس شهری زنده ، روشن و پر تحرک است دارای کازینو های زیبا است که توریست ها

از نقاط مختلف به آنجا میآیند وخوشگذرانی می کنند ولی اوقات من مرتبا در بیمارستان می گذشت و گرفتار پذیرایی و رسیدگی بیماران بودم و از اینکه آنان را از مرگ نجات می دادم خوشحال بودم در لاس وگاس ابتدا خانه متوسطی اجاره کردم و بعد خانه متوسطی خریدم و نامه نوشتم که همسر و بچه هابیایند. شش ماه طول کشید تا آنها آمدند .. در این منزل بیست سال زندگی کردیم تا منزل جدیدی به سبک ایرانی ساختم نقشه آنرا خودم کشیدم و ساختمانش را پسر بزرگم انجام دادو با کاشی های ایرانی، تصاویر ایرانی، قالی های ایرانی وچلچراغ های ایرانی مزین کردم و چون علاقه به درخت و گیاه داشتم بیش از 52 نوع میوه های مختلف دنیارا آوردم که بیشتر آنهامیوه هایی بود که در ایران هم وجود داشت . در این شهر به علت گرمای زیادبه ثمررسیدن بعضی میوه ها و بار آوردن درخت ها کار آسانی نبود و هرکدام برنامه خاصی داشت که باید یاد می گرفتم برای مثال درخت های نادر در منزل من وجود داشت . درخت هایی از نوع انار ساوه ، توت فرح زاد ، توت پاکستان ، لیموشیرین جهرم انجیر نطنز ، هلوی ایرانی ، بادام ، انگور ، پسته ، نارنگی، نارنج ، آلبالو و بسیاری درخت های نایاب مثل عناب و گوجه ایران و زالزالک و غیره وجود داشت که در هیچ باغی یافت نمی شد .

همه برای دیدن این باغ به اینجا آمده و لذت می بردندو درخت های میوه بقدری پربار شده بود که ما به تعدادی از ایرانیان شهر میدادیم و حتی به دوستان خود در شهرهای دیگرپست می کردیم که چنانچه این میوه هارا ندیده ویا نخورده انداز آنها باخبر شوند جون برخبی از این میوه ها در مغازه های میوه فروشی وجود نداشت

داستان شرکت با مامور مالیات

در لاس وگاس حسابداری داشتم بنام جیمز که مدت هفت سال کارهای حسابداری مرا انجام می داد و حقوق خوبی هم از من می گرفت . روزی مرا به اتفاق چند دکتر دیگر به ناهار

دعوت کرد در آنجا از ساختمانهای بزرگی که قرار بود در آنجا ساخته شودنام برد پیشنهاد کرد هرکدام از ما مبلغ صدهزار دلار در اختیارش بگذاریم که در یک سال با احتمال زیاد دوبرابر شده و استفاده آن را به ما خواهد داد. ضمن آنکه اصل پول هم خواهد ماند و زمینها و ساختمانهای ساخته نشده گرو این معامله خواهد بود. دوستان موافقت کردند اما فکر کردم نکند کلاهبرداری باشد گفتم شرط قبولی من این است که خود شما ضمانت کنید که اگر این سرمایه گذاری درست نشد از پول شخصی خودتان به من بپردازید او هم قبول کرد وورقه ای به من داد . هشت ماه از این برنامه نگذشته بودکه خبری از ایشان رسید که آقایی که مسیول ساختمان بوده ورشکست شده آنانکه شرکت کرده بودند هیچ کدام کار مرا نکرده بودند و صدهزار دلار شان از بین رفت . وکیل من با او تماس گرفت و گفت شما باید صد درصد پول را به اضافه سود آن به دکترفتحی بدهیدوالا تعقیب قانونی خواهید شد و اوهم قبول کرد مقداری از آن را بپردازد وو مقداری هم زمین بدهدکه آن زمین هارا فروختم و مبلغ بیشتری عایدم شد .

به هیچ کس نمی شود اعتماد کرد . قبل از سرمایه گذاری مشورت کنید تا مطمین شوید که معامله درست و به سود شما می باشد و الا زیان خواهید کرد

ریاست انجمن پزشکی ایالت نوادا و رییس کل نطام پزشکی

شهرلاس وگاس و شهر های اطراف آن را رویهم کلارک کانتی می گویند که زیر نظر انجمن مخصوصی بنام انجمن پزشکان کلارک کانتی است . هرسال یکی از برجسته ترین اطبای شهر به ریاست این انجمن انتخاب می شود . و این شغل بزرگی است. در جلسه افتتاحیه این انجمن همه استانداران ، وکلاو سناتور های نواداحضور دارند و به رییس انتخاب شده انجمن تبریک می گویند . سالی که ریاست انجمن به عهده من بود بقدری گل آورده بودند که جایی برای گذاشتن آنها نبود.و نامه های متعدد تبریک ازسناتورها و افراد دیگر به من رسید.

در آن زمان شاید حدود 14 نفر دکتر ایرانی در این شهر بودکه بیشتر آنان عضو این انجمن بودند متاسفانه هیچ کدام از آنان به این جشن نیامده و تبریک نگفتند (حسادت یا عامل دیگر ؟) یک سال در این انجمن بودم و مجله ای بنام مجله انجمن هرماه چاپ می شد که سر مقاله اش را خودم می نوشتم .و تمام مقالات آن را بررسی می کردم. امور طبی ایالت نوادا دست این انجمن بود . یکبار درد سرهای زیادی پیش آمد از جمله سوختن یک هتل بزرگ و منفجر شدن کارخانه بنزین سازی که در هردو مورد افرادی آسیب دیده بودند . مجبور بودم که بیمارستان هاو اتاق های اورژانس و اطبا را آماده کنم تا ناراختیها را برطرف نمایند و این کار هم انجام شدو خسارات مادی زیادی که برای رییس انجمن به وجود می آید را تحمل کردم و در نتیجه به عنوان عضو افتخاری انجمن برای همیشه انتخاب شدم .

انجمن شعبه ای از انجمن طبی آمریکا به نام AMA بود مقالاتی در مجله ها می نوشتم و مضار سیگار و الکل را نشان می دادم .. این مطالب را مرتبا در انجمن های ایالتی و ولایتی تصویب می کردیم ولی با همه تلاس ها و کوششهاما موفق نشدیم سیگار و مشروب را از کازینو های قماربازی برداریم . هنوز در کازینوها مشروب سرو می شود و سیگار کشیده می شود و همیشه سالن ها آلوده به دود سیاه و خفه کننده سیگار است اولیای کازینوها می گویند برای داشتن درآمد از کازینوها باید سیگار و مشروب آزاد باشد . اصل مطلب در آوردن پول از جیب مردم و بهتر کردن وضع هتلها است که سود سهام صاحبان هتل هارا افزایش می دهد

یادی از وکلای دادگستری و اعمال آنان

وکلای دادگستری در آمریکا چندین گروه هستند . عده دای در کار شرکتها و گروهی در بخش بین الملل، و جمعی درکارهای جنایی و قضایی و عیره مشعول می باشند .

باید عرض کنم خداوندکسی را دچار وکلای آمریکایی نکند بخصوص اگر ایرانی باشد .

غالبا کار این وکلا بر پایه صداقت و درستی نیست بخصوص وقتی این وکلا به دکتری برخورد می کنندو اورا برای غبن ، تعقیب یا تهدید میکنند تا هر مرحله حتاتا مرگ

پیش می روند و مادام که اورا از زندگی و هستی ساقط نکنند آرام نمی شوند.
مواردی از رفتاری هایی که برای من ایجاد کرده اند آنچنان زیاد است که شرح آنها در اینجا نمی گنجد. حالا چرا آنان به وظایف قانونی خود عمل نمکنند و همیشه دلار بزرگترین راهنمای آنان است امری است مجزاو نباید در این جا ذکر شود .
در آمد های وکلای دادگستری در آمریکا بخصوص در رشته های جنایی و تعقیب قانونی پزشکان بقدری هنگفت است که یک یا دو طبیب باهم نمی توانند چنین درآمدی را داشته باشند و یا چنین ساختمانهایی را بخرند و یا چنین دستگاه هایی را در ساختمانهای خودئشان داشته باشند و اینکه در چه منازلی زندگی می کنند و چه اتوموبیل هایی را میخرند جای خود دارد . وکلای آمریکاکثرا بزرگترین مقام های برجسته آمریکارا در دست دارند . آنان یا وکیل یاسناتور یا رییس یا وزیر یا پرزیدنت آمریکا می شو ند و رحم و مروتی ندارند

ممنوع المعامله و ممنوع الخروج

از ده پانزده سال قبل از و قوع انقلاب در سال 1979 به ایران نرفته بودم تا سال 1978 که برای اولین بار تصمیم گرفتم به دیدن بستگان بروم . ورودم به ایران اشکالی نداشت چون با پاسپورت ایرانی وارد شدم . 15 روز پس ازورود با برادرم به محضری رفتم که سندی را امضا کند در محضر از او خواستندکه منتظر باشد تا ببینند که آیا ممنوع المعامله است یا نه . برای او اشکالی وجود نداشت ولی من ممنوع المعامله و ممنوع الخروج بودم برادرم گفت ممکن است تشابه اسمی باشد . دفتر دار محضر گفت باید به اداره انقلاب در خیابان معلم رجوع کنیم و ببینیم جریان از چه قراراست . به اداره انقلاب رفتم در آنجا شمارا جستجو می کنند و قلم و مداد و کیف پول شمارا گرو می گیرند . به ددفتر طبقه بالا رفتم دو نفر دیگر منتظر بودند سه نفر هم پشت میز های خود نشسته بودند از جمله آقایی با ریش و سبیل زیاد و دیگری با موهای زیاد و سومی شخصی بود که با عمامه پشت میز نشسته بود . از اولی سوال شد که چکار دارید

او ایستاد و خود را معرفی کرد و سوال کرد چرا ممنوع المعامله است آقای مسیول ، پرونده اورانگاه کرد و زنگ زد که فورا اورا دستبند زدند و بردند به اتاق مجاور . داستان از این قرار بود که اتاق مجاور مخصوص افرادی بود که بعد از ساعت اداری آمبولانس و یا اتوموبیلی می آمد و آنهارا به زندان اوین می برد . شخص دوم ایستاد و خودرا معرفی کرد و پرسید چرا ممنوع الخروج است پرونده اوراهم آوردند پس از ملاحظه زنگ زده شد اورا هم با دستبند به اتاق مجاور بردند برای من محرز بود که سرنوشت آنهارا خواهم داشت لذا وقتی آخوند از من پرسید چه کار دارید گفتم خواهش دارم زنگ رابزنید و مراهم با دستبند به اتاق مجاور بفرستید چون پرسش من هم مانند آنها است گفت خود را معرفی کنید گفتم من جراح مغزم که در آمریکا بیش از بیست سال است زندگی می کنم و ممنوع المعامله و ممنوع الخروج شده ام گفت چطور بدانم دکتر هستید گفتم جواب شما این است که دست شما در موقع نوشتن می لرزد و شما پارکینسون خفیفی داریدو من می توانم تا صبح فردا آنرا بهتر کنم دارویی هم با خود از امریکا آورده ام .که منزل خواهرم می باشد شما همراه من بیایید تا آن را به شما بدهم او آمد و دارو را به او دادم که (سینومت) بود و گفتم چگونه مصرف کند دو روز بعد برای بقیه سوالات رفتم سازمان انقلاب که باز این آقا در آنجا حضور داشت دیدم دستش خوب شده است و براحتی می نویسد گفتم آیا دکتر هستم یا نه گفت بلی ولی تمام مدارک را از دانشگاه تهران و آمریکاباید بیاورید که مطمین باشیم که شما دکتر هستید پرسید آیا معدن چی هستید گفتم خیرمن دکتر هستم پرسید القانیان را می شناسید ؟ گفتم خیر او کیست ؟ گفت ما اورا کشتیم گفتم لیست آنهارا که کشته اید بدهید ببینم کدام را می شناسم خندید و دیگر چیزی نگفت فردا مشغول جمع آوری مدارک شدم کوپی مدارک از دانشگاه تهران و دانشگاه های آمریکا را برایش بردم بعد از ده روز تصمیم گرفتند که من شخص مورد نظر آنان نیستم ونامه ای نوشتند که مرا از لیست ممنوع الخروجیها بردارند این ورقه را دادندبه دست شخصی که ببرد به بایگانی من هم به دنبال آن شخص می خواستم وارد اتاق بایگانی شوم دربان اجازه ورود نداد گفتم اهل کجاهستید گفت رشت در این جا با لهجه رشتی صحبت کردم و گفتم من هم رشتی هستم و با دوستان و فامیل شما آشنایی دارم دربان بایگانی قبول کرد و گفت نامه

شمارا روی همه نامه ها گذاشته ام و این آقا که در آن گوشه ایستاده آدمی سخت گیر است و می گویند دزد گیر است . نامه هارالآن به اداره گذرنامه خواهند برد شما هم دنبال ایشان بروید تا ببینید سرنوشت نامه چه خواهدشد من با اتوموبیل خودم به دنبال ایشان رفتم ایشان با اتوموبیل خودش درخیابان های یک طرفه عوضی می رفت . ازروی پل ها رد میشد و در کنار پیاده رو ها می راند در عرض 10 یا 15 دقیقه به اداره گذرنامه رسید و ماشین را دم در پارک کرد من هم به دنبال او روان شدم پاسبان نگهبان گفت حق ورود ندارید گغم چرا؟ گفت آستین شما کوتاه است داد زدم اینجا که مسجد نیست اداره گذرنامه است تفنگش را زدم به سینه اش و به دنبال آن مرد رفتم . به سرعت می رفت طوری که من دو بار به زمین خوردم ار پله های مختلفی بالا رفت من هم دنبالش رفتم وارد اتاقی شد در طبقه دوم افسری پشت میز نشسته بود و چند نفرمنتظر نشسته بودند نامه هارا تحویل داد . من بلافاصله جلو رفتم و گفتم آقای عزیزنامه من روی همه این ها است ممکن است روی این نامه هرچه زود تر تصمیم بگیرید و به فرود گاه بفرستید چون امشب پرواز دارم . گفت برو سه هفته دیگر بیا . گفتم من اینجا زندگی نمی کنم و درخارج هستم و مجبورم برگردم . او توجهی نکرد و من با حالت خموده در کنار مبلی نشستم و منتظر فکر دیگری بودم که آقایی آمد و پهلوی من نشست . گفتم چه فرمایشی دارید گفت سال گذشته اینجا بودم و آن سرهنگی که آنجا نشسته به علت مرض قند حالش بهم خورد و از پله ها افتاد . من اورا به بیمارستان رساندم و آب قند دادیم تا حالش جا آمد ولی تا بحال نیامدم بگویم که من بودم که شمارا نجات دادم . من از این موقعیت استفاده کرده و گفتم از شما خواهشی دارم به این جناب سرهنگ بکویید نامه مرا به به اداره هواپیما هرچه زود تر برساند که من در فرودگاه دچار ناراختی نشوم گفت بچشم . در این موقع برادرش رسید و گفت دو دقیقه بیشتر وقت نداری و باید به جای دیگری برویم . مرد گفت معذرت میخواهم . دومرتبه برای صحبت با سرهنگ برخواهم گشت فکر کردم اگر خودم را بجای او معرفی کنم شاید بتوانم کوپی نامه را به فرودگاه برسانم. .جلوی میز سرهنگ رفتم و گفتم یادتان می آید سال قبل در اثر بیماری قند حالتان بهم خورد . گفت بلی گفتم من بودم که شمارا به بیمارستان بردم و آب قند دادم و

معالجه شدید . خوشحال شد و دستور داد چای و شیرینی آوردند بدون آنکه خودم را معرفی کرده باشم . از طرف دیگر می ترسیدم آن آقا وارد شود و اوضاع وخیم ترگرددو مرا به خاطر دروغگویی دستگیر کنند خواهش کردم نامه مراهرچه زودتر به فرودگاه برسانید که ناراحتی پیش نیاید . شخصی را صدا زد وبه او دستور داد. رفتم فرودگاه ببینم آیا نامه رسیده است یا نه چون همان شب می بایست پرواز می کردم . با سرعت زیاد خود را به فرودگاه رساندم .

دربان به خاطر نداشتن پاسپورت از ورودم جلو گبری کرد . . من هم با حالت یاس از درب ورودی خانم ها وارد شدم و علت آنرا ندانستن و زندگی در آمریکا قلمدادکردم . فقط به خانم گفتم درباره فکسی که قراربود برسد پرسش کند و او قبول کرد در این فاصله فکر کردم ایرانی ها به همدیگر کمک نمی کنندو حتما جواب منفی میدهد. از دستفروشی که کنارفرودگاه نشسته بود . و کتاب می فروخت یک جلد دیوان حافظ خریدم و کارت ویزیت خودم را هم گذاشتم. وقتی خانم آمد قبل از اینکه جواب اورا بشنوم کتاب را به عنوان تحفه به او دادم خانم این بار با جناب سروانی باز گشت و به من گفت با او به اتاق رییس بروید ولی خودتان را معرفی نکنید جناب سروان خواهد گفت از اقوام او هستید و می پرسد نامه رسیده یانه همراه آن اقا ولی درعقب ایستادم .سروان سلامی کرد و گفت از اداره پاسپورت تلفن زده اند که ببینند فکسی به نام کاظم فتحی رسیه است یا نه آقای رییس فکس ها را زیر و رو کرد و گفت بله جواب تلفن را که رسیده است بدهید .

اینجا بودکه نفس راحتی کشیدم و به منزل باز گشتم که چمدانم را آماده کنم تا همان شب به آمریکا برگردم .

روزی درخیابان وست وود لوس آنجلس قدم میزدم که با رییس یکی از رستوران های بزرگ و معروف این شهر برخورد کردم . او گفت آقای پروفسور مدت شش ماه است شمارا ندیده ام گفتم مدتی در تهران بودم از من پرسید در تهران مزاحمتی برایتان پیش نیامد؟ علت سوالش را پرسیم گفت چون شخصی به نام کاظم فتحی که معدن چی بوده وبا من هم دوستی داشت و با القانیان کار می کرد مورد تعقیب است میدانید که القانیان را اعدام کردند

در اینجا متوجه سوال آن مامور که می پرسید القانیان را میشناسم یانه شدم . و متوجه تشابه اسمی

و گرفتاری های ناشی از آن شدم

به منزل رفتم و با چمدان به فرودگاه برگشتم . در آنجا هم دوسه ساعتی از یک اتاق به اتاق دیگر میرفتم تا به پرسش ها پاسخ گویم سر انجام چون نامه رسیده بود توانستم ار کشور خارج شوم

در هواپیما بود که با خود می اندیشیدم که همواره در موقع ورود و خروج دچار چه درد سر هایی شده ام

آرزو می کردم روزی برسدکه هر ایرانی با افتخار و بدون درد سر بتواند به میهنش سفر کند و از دیدار هم میهنان بهره مند شود .

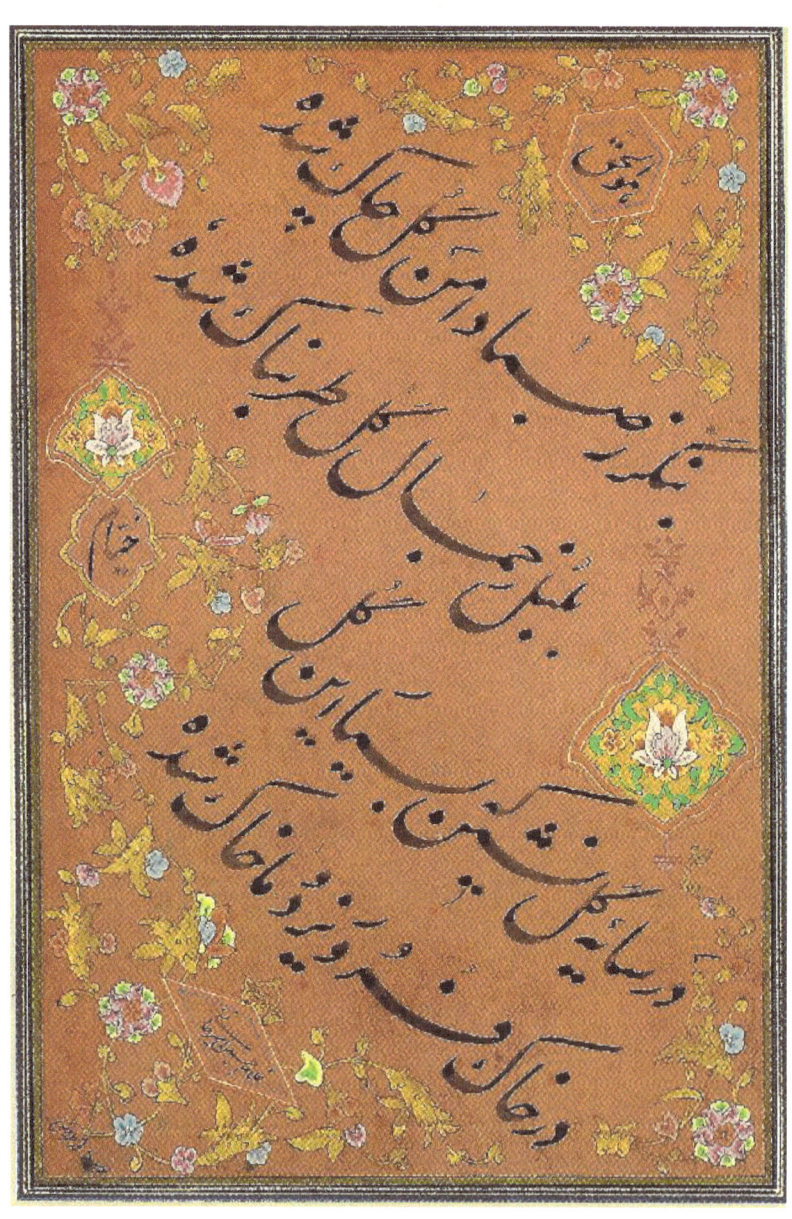

کلید پنج گنج نظامی

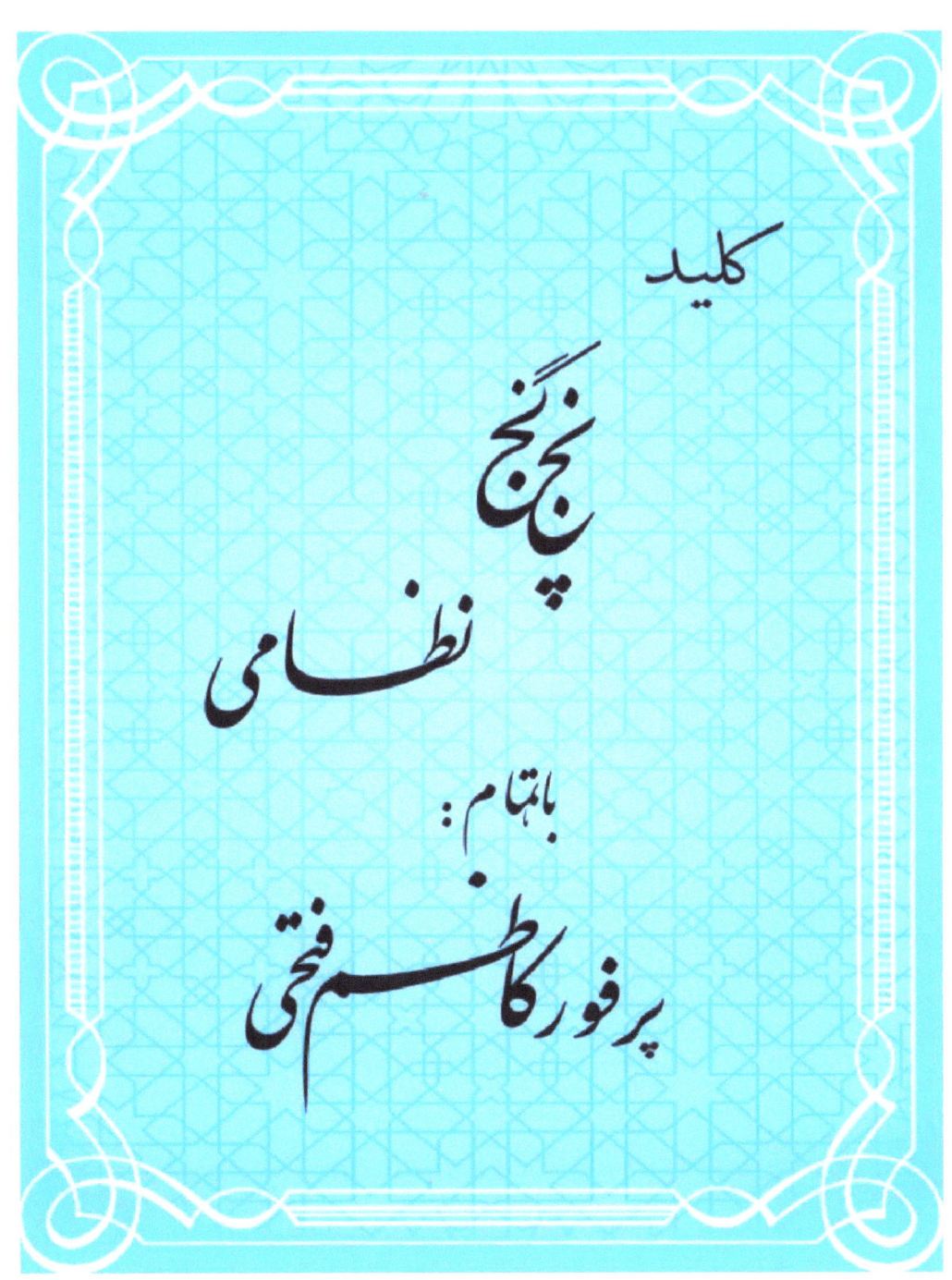

کلید پنج گنج نظامی

یونسکو سال 1991 را به سال نظامی عنوان داده است . در این سال کسان بسیاری پیرامون این شاعر بزرگ داد سخن داده و مقالات و کتابهای متعدد ارایه نموده اند . پروفسور فتحی نیز در این زمینه به میدان آمده وکتابی با عنوان کلید پنج گنج نظامی تدوین و به دوستداران ادب پارسی اهدا نموده و آنچنانکه خود گفته است عنوان کتاب را زنده یاد استاد دکتر محمد جعفر محجوب پیشنهاد نموده است .

همه اهل ادب ایران میدانند که در جهان شعر پارسی پنج قهرمان بزرگ جلوه گری کرده اند : فردوسی – مولوی – سعدی – حافظ – نظامی . هر کدام از این قهرمانان در یک رشته ویژه قهرمان شده اند . مقایسه آنان باهم و اینکه کدام یک برتر ند بیهوده و بی معنا است . همچنانکه در جهان ورزش هم قهرمانی هستند در رشته های گوناگون که باهم قابل مقایسه نیستند . یکی قهرمان کشتی است و دیگری قهرمان دو و سومی قهرمان شنا . نمی توان از دیدگاه رجحان آنان را با هم مقایسه نمود . فردوسی قهرمان شعر حماسی و زنده کننده زبان پارسی است . مولوی قهرمان فلسفی است . سعدی استاد سخن و قهرمان حکمت آموزی است حافظ خدای غزل و قهرمان سخن آرایی است . نظامی قهرمان توصیف مناظر عشقی وبزمی است . هر کس برحسب ذوق و سلیقه ای که دارد به یکی از آنان بیشتر دلبستگی پیدا می کند

جالب است که پروفسور فتحی در آن سال همت کرده و کتابی با عنوان (پنج گنج نظامی) تدوین و به دوستداران ادب پارسی اهدا نموده است .

پیش از این هم نوشته ام که او دکترای پزشکی و متخصص جراحی مغز و اعصاب است که از رشته های دشوار و پر مسیولیت پزشکی است و آناکه در این رشته کار میکند کمتر فرصت دارند که به کار های دیگر پردازند . با این همه پروفسور فتحی به

شایستگی همت کرده و چنان کتابی تدوین وبه اهل ادب اهدا نموده است

در این کتاب دیباچه ای به قلم آقای حسن شهباز دیده میشود که نظامی را بزرگترین تراژدی نویس زبان پارسی خوانده و شرح مبسوطی در این مورد نوشته است .

پروفسور فتحی نیز مقدمه ای برکتاب نوشته که بخشی از آن را می خوانیم:

« سالها بود که کتابهای نظامی را خوانده بودم و باز تصمیم گرفتم همه آنهارا یک دور دیگر مرور کنم و از آن همه گل ها فقط چند غنچه بردارم و داستانهای اورا با تعداد کمی از نخبه اشعارش به خوانندگانِ سپارم تا لااقل اگر نمی توانند کتاب قطور نطامی را و اشعار اورا یک به یک بخوانند به خواندن این مجموعه به اختصار دست بزنند . ایمان دارم اگر این مختصر را بخوانندو خود را با گفته های نظامی آشنا کنند آنقدر شیفته و شایق آن خواهند شد که به دنبال اصل کتاب رفته و همه را مرور خواهند کرد که این تنها آرزوی من است که آن لذ تی که من از مرورگنجینه او برده ام نصیب همه خوانندگان شود . مطمینم که چون یک تنه به دنبال این کار رفته ام اشکالات زیادی در این کتاب خواهد بود که از شما امید اغماض دارم

در آمریکا با زحمات زیادی که کشیدم کسی را نیافتم که زحمت مختصری از این کار را به عهده او بگذارم . لذا از خواندن ، خلاصه کردن ، نوشتن ، تصحیح کردن و حتی چسباندن و به چاپخانه خارجی دادن این کتاب با خود من بوده و انتقادات شما باید که فقط به من گرفته شود

استاد عزیزم جناب دکتر جعفر محجوب نام این کتاب را به من پیشنهادنمودند و من هم آنرا انتخاب و نام کتاب راکلید پنج گنج نظامی گذاشتم

قسمتی از این کتاب در آمریکا و قسمتی در سوید تدوین شده است

امیدوارم مردم ما یعنی ایرانیان فرهنگ مارا مطالعه کنند و به فرزندان خود بیاموزند »

پنج کتاب نظامی گنجوی:

1) مخزن الاسرار

2) خسرو و شیرین

3) لیلی و مجنون

4) هفت پیکر

5) اسکندر نامه مشتمل بر اقبالنامه و شرفنامه

زندگی نامه کوتاه نظامی گنجوی

زاد روز = 537 - هجری قمری در گنجه (مشکوک)

درگذشت = 608 هجری قمری - در گنجه (مشکوک)

محل زندگی = گنجه

ملیت = ایرانی

پیشه = شاعر - داستانسرا - تاریخ نگار

سبک شعر = عراقی

لقب = حکیم نظامی

برجستگی های شعر نظامی :

توانایی در تصویر جزییات طبیعت

انتخاب کلمات و الفاظ مناسب

ایجاد ترکیبات خاص و ابداع مضامین و معانی نو و دلپسند

تازگی معانی

وفور لغات عربی که گاهی دریافت مضمون را مشکل کرده است

مخزن الاسرار

مخزن الاسرار نخستین مثنوی نوشته شده حکیم نظامی است

تاریخ دقیق نگارش آن معلوم نیست اما با بررسی برخی ابیات تاریخ نگارش آن را

در سالهای 61 5 و 569 هجری قمری حدس زده اند

نظامی این کتاب را به ملک فخرالدین بهرامشاه والی آذربایجان تقدیم داشته است

مطالب این کتاب بیشتر پیرامون مباحث ذیل می گردد :

غفلت آدمی در دنیا :

غافل منشین و ورقی می خراش   گر ننویسی قلمی می تراش

رفت جوانی به تغافل به سر   جای دریغ است دریغی بخور

گمشده ای هرکه چو یوسف بود   گمشدنش جای تا سف بود

بی اعتباری و ناپایداری جهان :

صحبت گیتی که تمنا کند   با که وفا کرد که با ما کند

خاک شد آن کس که در این خاک زیست

خاک چه داند که در این خاک چیست

پای در این بحر نهادن که چه ؟   بار در این موج گشادن که چه ؟

رابطه انسان با خدا

ظلم رها کن به وفا در گریز   خلق چه باشد به خدا در گریز

چون تو خجل وار بر آری نفس   فضل کند رحمت فریاد رس

گرچه زفرمان تو بگذشته ام   رد مکنم کز همه رد گشته ام

دوستی و دشمنی :

دشمن دانا که عم جان بود   بهتر از آن دوست که نادان بود

نظامی در فضیلت سخن و راست گفتن ، سخنان بسیار دارد و همه را به آن ترغیب می کند که جز راست نگویند و جز راست نروند .

جنبش اول که علم بر گرفت	حرف نخستین ز سخن در گرفت
پرده خلوت چو بر انداختند	جلوه اول به سخن ساختند
چون قلم ، آمد شدن ، آغاز کرد	چشم جهان را به سخن باز کرد
ما که نظر بر سخن افکنده ایم	مرده اوییم و بدو زنده ایم
سیم سخن زن که درم خاک اوست	زر چه سگ است ؟ آهوی فتراک اوست
صدر نشین تر زسخن نیست کس	دولت این ملک سخن راست بس
هرچه نه دل بی خبر است از سخن	شرح سخن بیشر است از سخن
تا سخن است از سخن آوازه باد	نام نظامی به سخن تازه باد

راحت مردم طلب ، آزار چیست ؟	جز خجلی حاصل این کار چیست ؟
چند چو پروانه پر انداختن ؟	پیش چراغی سپر انداختن
عمر به خشودی دلها گذار	تا ز تو خشنود شود کردگار
سایه خورشید سواران طلب	رنج خود و راحت یاران طلب
رنجه مشو راحت رنجور باش	یک نفس از محتشمی دور باش

با ترو با خشک مرا نیست کار	دانه زمن ، پرورش از کردگار
آب من ، اینک عرق پشت من	بیل من ، اینک سر انگشت من
نیست غم ملک و ولایت مرا	تا ، زیم این دانه کفایت مرا
دانه شایسته بباید نخست	تا گره خوشه گشاید درست

2 - خسرو و شیرین

دومین داستان نوشته شده توسط نظامی ، قصه شیرین و جالب خسرو و شیرین است . این داستان را فردوسی بزرگ هم به نظم کشیده است

نظامی در این داستان کمال هنرمندی خودرا به نمایش گذاشته است . شرح معاشقه ها و نکات روانی وابسته به آنها و پاره ای مسایل اجتماعی در این داستان به بهترین نحو تشریح شده است

داستان ، طولانی و زیبا است و کسی باید به خواندن آن پردازد که هم به ادبیات پارسی آشنایی داشته باشد و هم همت و فرصت خواندنش را در خود بیابد جوانان امروز کمتر چنین فرصت و همتی دارند . دنیای ما دنیای سرعت شده است. شبکه های تلویزیونی تصاویر را با اندک زمانی تغییر می دهند بطوری که گاهی انسان دچار سرگیجه میشود . به هر حال خواندن داستان عشقی خسرو و شیرین حال و هوای ویژه ای نیاز دارد . و در چنین حال و هوایی است که خواننده از آن لذت فراوان می برد و خودرا در دنیای عشق و احساس می یابد

پروفسور فتحی که خود شاعر و به ادبیات پارسی آشنا و عاشق آن است با کوشش بسیار این داستان را برای خوانندگان تشریح و توجیه کرده است .

باز هم باید تکرار کنم شگفت آور است کسی که طبیب و جراح مغز و اعصاب است و پیشه اش مستلزم تحمل مسیولیت های زیادی است تا چه پایه باید به دنیای شعر پارسی مشتاق باشد که اینگونه وقت بگذارد و داستان طولانی و شیرین خسرو و شیرین را برای خوانندگان تشریح نماید . خوانندگان علاقمند باید داستان را از کتاب کلید پنج گنج نظامی مطالعه نمایند و از آن لذت برند .

خلاصه داستان

.

هرمز پادشاه ایران، صاحب پسری می‌شود و نام او را پرویز می‌نهد. پرویز در جوانی علی رغم دادگستری پدرمرتکب تجاوز به حقوق مردم می‌شود. او که با یاران خود برای تفرج به خارج از شهر رفته، شب هنگام در خانه ی یك روستایی بساط عیش و نوش برپا می‌کند و بانگ ساز و آوازشان در فضای ده طنین انداز می‌گردد. حتی غلام و اسب او نیز از این تعدی بی نصیب نمی‌مانند. هنگامی که هرمز از این ماجرا آگاه می‌شود، بدون در نظر گرفتن رابطه‌ی پدر – فرزندی عدالت را اجرا می‌کند: اسب خسرو را می‌کشد؛ غلام او را به صاحب باغی که دارایی‌اش تجاوز شده بود، می‌بخشد و تخت خسرو نیز از آن صاحب خانه‌ی روستایی می‌شود. خسرو نیز با شفاعت پیران از سوی پدر، بخشیده می‌شود. پس از این ماجرا، خسرو، انوشیروان- نیای خود را- در خواب می‌بیند. انوشیروان به او مژده می‌دهد که چون در ازای اجرای عدالت از سوی پدر، خشمگین نشده و به منزله‌ی عذرخواهی نزد هرمز رفته، به جای آنچه از دست داده، موهبت‌هایی به دست خواهد آوردکه بسیار ارزشمندتر می‌باشند: دلارامی زیبا، اسبی شبدیز نام، تختی با شکوه و نوازنده ای به نام باربد. مدتی از این جریان می‌گذرد تا اینکه ندیم خاص او – شاپور- به دنبال وصف شکوه و جمال ملکه‌ای که بر سرزمین ارّان حکومت می‌کند، سخن را به برادرزاده‌ی او، شیرین، می‌کشاند. سپس شروع به توصیف زیبایی‌های بی حد او می‌نماید، آنچنان که دل هر شنونده‌ای را اسیر این تصویر خیالی می‌کرد. حتی اسب این زیبارو نیز یگانه و بی همتاست. سخنان شاپور، پرنده‌ی عشق را در درون خسرو به تکاپو وامی‌دارد و خواهان این پری سیما می‌شود و شاپور را در طلب شیرین به ارّان می‌فرستد. هنگامی که شاپور به زادگاه شیرین می‌رسد، در دیری اقامت می‌کند و به واسطه‌ی ساکنان آن دیر از آمدن شیرین و یارانش به دامنه‌ی کوهی در همان نزدیکی آگاه می‌شود. پس تصویری از خسرو می‌کشد و آن را بر درختی در آن حوالی می‌زند. شیرین آنرا در حین عیش و نوش می‌بیند و دستور می‌دهد تا آن نقش را برای او بیاورند. شیرین آنچنان مجذوب این نقاشی می‌شود که خدمتکارانش از ترس گرفتار شدن او، آن تصویر را از بین می‌برند و نابودی آن را به دیوان نسبت می‌دهند و به بهانه ی اینکه آن بیشه، سرزمین پریان است، از آنجا رخت برمی‌بندند و به مکانی دیگر می‌روند اما در آنجا نیز شیرین دوباره تصویر خسرو را که شاپور نقاشی کرده بود، می‌بیند و از خود بیخود می‌شود. وقتی دستور آوردن آن تصویر را می‌دهد، یارانش آن را پنهان کرده و باز هم پریان را در این کار دخیل می‌دانند و رخت سفر می‌بندند. در اقامتگاه جدید، باز هم تصویر خسرو، شیرین را مجذوب خود می‌کند و این بار شیرین شخصاً به سوی نقش رفته و آن را برمی‌دارد و چنان شیفته‌ی میشود که نشانی اورا از هر رهگذری سراغ می‌گیرد؛ اما هیچ نمی‌یابد. در این هنگام شاپور که در کسوت مغان رفته از آنجا می‌گذرد. شیرین او را می‌خواند تا مگر نشانی از نام و جایگاه آن تصویر به او بگوید. شاپور هم در خلوتی که با شیرین داشت پرده از این راز برمی‌گشاید و نام و نشان خسرو و داستان دلدادگی او به شیرین را بیان می‌کند و همان گونه که با سخن افسونگر خود، خسرو را در دام عشق شیرین گرفتار کرده، مرغ دل شیرین را هم به سوی خسرو به پرواز درمی‌آورد. شیرین که در اندیشه ی رفتن به مدائن است، انگشتری را به

عنوان نشان از شاپور می‌گیرد تا بدان وسیله به حرمسرای خسرو راه یابد. شیرین که دیگر در عشق روی دلداده‌ی نادیده گرفتار شده بود، سحرگاهان بر شبدیز می‌نشیند و به سوی مدائن می‌تازد.

از سوی دیگر خسرو که مورد خشم پدر قرار گرفته به نصیحت بزرگان، قصد ترك مدائن می‌کند. قبل از سفر به اهل حرمسرای خود سفارش می‌کند که اگر شیرین به مدائن آمد، در حق او نهایت خدمت و مهمان نوازی را رعایت کنند و خود با جمعی از غلامانش راه ارّان را در پیش می‌گیرد. در بین راه که شیرین خسته از رنج سفر در چشمه‌ای تن خود را می‌شوید، متوجه حضور خسرو می‌شود. هر دو که با یك نگاه به یکدیگر دل می‌بندند، به امید رسیدن به یاری زیباتر، از این عشق چشم می‌پوشند. خسرو به امید شاهزاده‌ای که در ارّان در انتظار اوست و شیرین به یاد صاحب تصویری که در کارو روز,گارراباعشق او می گذراند
شیرین پس از طی مسافت طولانی به مدائن رسید؛ اما اثری از خسرو نبود. کنیزان، او را در کاخ جای داده و آنچنان که خسرو سفارش کرده بود در پذیرایی از او می‌کوشیدند. شیرین که از رفتن خسرو به اران آگاه شد، بسیار حسرت خورد. رقیبان به واسطه‌ی حسادتی که نسبت به شیرین داشتند، او را در کوهستانی بد آب و هوا مسکن دادند و شیرین در این مدت تنها با غم عشق خسرو زندگی می‌کرد. از سوی دیگر تقدیر نیز خسرو را در کاخی مقیم کرده بود که روزگاری شیرین در آن می‌خرامید و صدای دل انگیزش در فضای آن می‌پیچید. اما دیگر نه از صدای گام‌های شیرین خبری بود و نه از نوای سحرانگیزش. شاپور خسرو را از رفتن شیرین به مدائن آگاه می‌کند و از شاه دستور می‌گیرد که به مدائن رفته و شیرین را با خود نزد خسرو بیاورد. شاپور این بار نیز به فرمان خسرو گردن می‌نهد و شیرین را در حالی که در آن کوهستان بد آب و هوا به سر می‌برد، نزد خسرو به اران آورد. هنوز شیرین به درگاه نرسیده که خبر مرگ هرمز کام او را تلخ می‌کند. به دنبال شنیدن این خبر، شاه جوان عزم مدائن می‌کند تا به جای پدر بر تخت سلطنت تکیه زند. دگر باره شیرین قدم در قصر می‌نهد به امید اینکه روی دلداده‌ی خود را ببیند؛ اما باز هم ناامید می‌شود.

در حالی که خسرو در ایران به پادشاهی رسیده بود، بهرام چوبین علیه او قیام می‌کند و با تهمت پدرکشی، بزرگان قوم را نیز بر ضد خسرو تحریك می‌نماید. خسرو نیز که همه چیز را از دست رفته می‌یابد، جان خود را برداشته و به سوی موقان می‌گریزد. در میان همین گریزها و نابسامانی‌ها، روزی که با یاران خود به شکار رفته بود، ناگهان چشمش بر شیرین افتاد که او نیز به قصد شکار از کاخ بیرون آمده بود. دو دلداده پس از مدت‌ها دوری، سرانجام یکدیگر را دیدند در حالی که خسرو تاج و تخت شاهی را از دست داده بود. خسرو به دعوت شیرین قدم در کاخ مهین بانو گزارد. مهین بانو که از عشق این دو و سرگذشت شیرین با خوبرویان حرمسرایش آگاهی داشت، از شیرین خواست که تنها در مقابل عهد و کابین خود را در اختیار خسرو نهد و هرگز با او در خلوت سخن نگوید. شیرین نیز بر انجام این خواسته سوگند خورد.

خسرو و شیرین بارها در بزم و شکار در کنار هم بودند؛ اما خسرو هیچ گاه نتوانست به کام خود برسد. سرانجام پس از اظهار نیازهای بسیار از سوی خسرو و ناز از سوی شیرین،خسرو دل از معشوقه‌ی خود برداشت و عزم روم کرد. در آنجا مریم، دختر پادشاه روم را به همسری برگزید و بعد از مدتی نیز

با سپاهی از رومیان به ایران لشکر کشید و تاج و تخت سلطنت را بازپس گرفت. اما در عین داشتن همه‌ی نعمت‌های دنیایی، از دوری شیرین در غم و اندوه بود. شیرین نیز در فراق روی معشوق در تب و تاب و بیقراری بود.
مهین بانو در بستر مرگ، برادرزاده‌ی خود را به صبر و شکیبایی وصیت می‌کند. تجربه به او نشان داده که غم و شادی در جهان ناپایدار است و به هیچ یک نباید دل بست.

پس از مرگ مهین بانو، شیرین بر تخت سلطنت نشست و عدل و داد را در سراسر ملک خود پراکند. اما همچنان از دوری خسرو، ناآرام بود. پادشاهی را به یکی از بزرگان درگاهش سپرد و به سوی مدائن رهسپار شد.

در همان هنگام که روزگار نیک بختی خسرو در اوج بود، خبر مرگ بهرام چوبین را شنید. سه روز به رسم سوگواری، دست از طرب و نشاط برداشت و در روز چهارم به مجلس بزم نشست و به امید اینکه نواهای باربد، درد دوری شیرین را در وجودش درمان کند، او را طلب کرد. باربد نیز سی لحن خوش آواز را از میان لحن‌های خود انتخاب کرد و نواخت. خسرو نیز در ازای هر نوا، بخششی شاهانه نسبت به باربد روا داشت.

آن شب پس از آن که خسرو به شبستان رفت، عشق شیرین در دلش تازه شده بود. با خواهش و التماس از مریم خواست تا شیرین را به حرمسرای خود آورد؛ اما با پاسخی درشت از سوی مریم مواجه شد. خسرو که دیگر نمی‌توانست عشق سرکش خود را مهار کند، شاپور را به طلب شیرین فرستاد. اما شیرین با تندی شاپور را از درگاه خود به سوی خسرو روانه کرد. شیرین این بار نیز در همان کوهستان رخت اقامت افکند و غذایی جز شیر نمی‌خورد. از آنجا که آوردن شیر از چراگاهی دور، کار بسیار مشکلی بود، شاپور برای رفع این مشکل، فرهاد را به شیرین معرفی کرد.

در روز ملاقات شیرین و فرهاد، فرهاد دل در گرو شیرین می‌بازد. این اولین دیدار آنچنان او را مدهوش می‌کند که ادراک از او رخت بر می‌بندد و دستورات شیرین را نمی‌فهمد. هنگامی که از نزد او بیرون می‌آید، سخنان شیرین را از خدمتکارانش می‌پرسد و متوجه می‌شود باید جویی از سنگ، از چراگاه تا محل اقامت شیرین بنا کند. فرهاد آنچنان با عشق و علاقه تیشه بر کوه می‌زد که در مدت یک ماه، جویی در دل سنگ خارا ایجاد کرد و در انتهای آن حوضی ساخت. شیرین به عنوان دستمزد، گوشواره‌ی خود را به فرهاد داد اما فرهاد با احترام فراوان گوشواره را نثار خود شیرین کرد و روی به صحرا نهاد این عشق روزگار فرهاد را آنچنان پر تب و تاب و بیقرار ساخت که داستان آن بر سر زبان‌ها افتاد و خسرو نیز از این دلدادگی آگاه شد. فرهاد را به نزد خود خواند و در مناظره ای که با او داشت، فهمید توان برابری با عشق او را نسبت به شیرین ندارد. پس تصمیم گرفت به گونه ای دیگر او را از سر راه خود بردارد

مناظره خسرو و فرهاد

نخستین بار گفتش از کجایی   بگفت از دار ملک آشنایی

بگفت آنجا به صنعت در چه کوشند بگفت انده خرند و جان فروشند
بگفتا جان فروشی در ادب نیست بگفت از عشق بازان این عجب نیست
بگفت از دل شدی عاشق بدینسان بگفت از دل تو می گویی من از جان
بگفتا عشق شیرین بر تو چون است بگفت از جان شیرینم فزون است
بگفتا هر شبش بینی چو مهتاب بگفت آری ، چو خواب آید ، کجا خواب ؟
بگفتا دل ز مهرش کی کنی پاک بگفت آنگه که باشم خفته در خاک
بگفتا گر خرامی در سرایش بگفت اندازم این سر زیر پایش
بگفتا گر کند چشم تورا ریش بگفت این چشم دیگر دارمش پیش
بگفتا گر کسش آرد فرا چنگ بگفت آهن خورد ور خود بود سنگ
بگفتا گر نیابی سوی او راه بگفت از دور شاید دید در ماه
بگفتا دوری از مه نیست درخور بگفت آشفته از مه دور بهتر
بگفت او ار بخواهد هرچه داری بگفت این از خدا خواهم به زاری
بگفتا دوستیش از طبع بگذار بگفت از دوستان ناید چنین کار
بگفت آسوده شو این کار خام است بگفت آسودگی بر من حرام است
بگفت از عشق کارت سخت زاراست بگفت از عاشقی خوشتر چه کار است
بگفتا در غمش می ترسی از کس بگفت از محنت هجران او بس
بگفت از خود جدا کن عشق شیرین بگفتا چون زیم بی عشق شیرین
بگفت او زآن من شد زو مکن یاد بگفت این کی کند بیچاره فرهاد
بگفت ار من کنم در وی نگاهی بگفت آفاق را سوزم به آهی
چو عاجز گشت خسرو در جوابش نیامد بیش پرسیدن صوابش
به یاران گفت کز خاکی و آبی ندیدم کس بدین حاضر جوابی

.

خسرو، فرهاد را به کندن کوهی از سنگ می‌فرستد و قول می‌دهد اگر این کار را انجام دهد، شیرین و عشق او را فراموش کند

فرهاد نیز بی درنگ به پای آن کوه می‌رود. نخست بر آن نقش شیرین و شاه و شبدیز را حك کرد و سپس به کندن کوه با یاد دلارام خود پرداخت. آنچنان که حدیث کوه کندن او در جهان آوازه یافت. روزی شیرین سوار بر اسب به دیدار فرهاد رفت و جامی شیر برای او برد. در بازگشت اسبش در میان کوه فرو ماند و بیم سقوط بود. اما فرهاد اسب و سوار آن را بر گردن نهاد و به قصر برد. خبر رفتن شیرین نزد فرهاد و تأثیر این دیدار در قدرت او برای کندن سنگ خارا به گوش خسرو می‌رسد. او که دیگر شیرین را، از دست رفته می‌بیند، به دنبال چاره است. به راهنمایی پیران خردمند قاصدی نزد فرهاد می‌فرستد تا خبر مرگ شیرین را به او بدهند مگر در کاری که در پیش گرفته سست شود. هنگامی که پیك خسرو، خبر مرگ شیرین را به فرهاد می‌رساند، او تیشه را بر زمین می‌زند و خود نیز بر خاك می‌افتد. شیرین از مرگ او، داغدار می‌شود و دستور می‌دهد تا بر مزار او گنبدی بسازند. خسرو نامه‌ی تعزیتی طنزگونه برای شیرین می‌فرستد و او را به ترك غم و اندوه می‌خواند. پس از گذشت ایامی از این واقعه، مریم نیز می‌میرد و شیرین در جواب نامه‌ی خسرو، نامه ای به او می‌نویسد و به یادش می‌آورد که از دست دادن زیبارویی

برای او اهمیتی ندارد زیرا هر گاه بخواهد، نازنینان بسیاری در خدمتگزاری او حاضرند. خسرو پس از خواندن نامه به فراست در می‌یابد که جواب آنچنان سخنانی، این نامه است. بعد از آن برای به دست آوردن شیرین تلاش‌های بسیاری نمود اما همچنان بی‌نتیجه بود و شیرین مانند رؤیایی، دور از دسترس. خسرو که از جانب شیرین، ناامید شده بود به دنبال زنی شکر نام که توصیف زیبایی‌اش را شنیده بود به اصفهان رفت. اما حتی وصال شکر نیز نتوانست آتش عشق شیرین را در وجود او خاموش کند. خسرو که می‌دانست شاپور تنها مونس شب‌های تنهایی شیرین بود، او را به درگاه احضار کرد تا مگر شیرین برای فرار از تنهایی به خسرو پناه آورد. شیرین نیز در این تنهایی‌ها روزگار را با گریه و زاری و گله و شکایت به سر برد. روزی خسرو به بهانه‌ی شکار به حوالی قصر شیرین رفت. شیرین که از آمدن خسرو آگاه شده بود، کنیزی را به استقبال خسرو فرستاد و او را در بیرون قصر، منزل داد. سپس خود به نزد شاه رفت. شاه نیز که از نحوه‌ی پذیرایی میزبان ناراضی بود، با وی به عتاب سخن گفت و شکایت‌ها نمود و اظهار نیازها کرد اما شیرین همچنان خود را از او دور نگه می‌دارد و تأکید می‌کند تنها مطابق رسم و آیین خسرو می‌تواند به عشق او دست یابد. پس از گفتگویی طولانی و بی‌نتیجه، خسرو مأیوس و سرخورده از قصر شیرین باز می‌گردد. با رفتن خسرو، تنهایی بار دیگر همنشین شیرین می‌شود و او را دلتنگ می‌کند. پس به سوی محل اقامت خسرو رهسپار می‌شود و به کمك شاپور، دور از چشم شاه، در جایگاهی پنهان می‌شود. سحرگاهان، خسرو مجلس بزمی ترتیب می‌دهد. شیرین نیز در گوشه‌ای از مجلس پنهان می‌شود. در این بزم نیك از زبان شیرین غزل می‌گوید و باربد از زبان خسرو. پس از چندی غزل گفتن، شیرین صبر از کف می‌دهد و از خیمه‌ی خود بیرون می‌آید. خسرو که معشوق را در کنار خود می‌یابد به خواست شیرین گردن می‌نهد و بزرگانی را به خواستگاری او می‌فرستد و او را با تجملاتی شاهانه به دربار خود می‌آورد. خسرو پس از کام یافتن از شیرین، حکومت ارمن را به شاپور می‌بخشد. خسرو نصیحت شیرین را مبنی بر برقراری عدالت و دانش آموزی با گوش جان می‌شنود و عمل می‌کند. در راه آموختن علم، مناظره ای طولانی میان او و بزرگ امید روی می‌دهد و در آن سؤالاتی درباره‌ی چگونگی افلاك و مبدأ و معاد و بسیاری مسائل دیگر می‌پرسد. پس از چندی، با وجود آنکه خسرو از بد ذاتی پسرش شیرویه آگاه است، به سفارش بزرگ امید، او را بر تخت می‌نشاند و خود رخت اقامت در آتشخانه می‌افکند. شیرویه با به دست گرفتن قدرت، پدر را محبوس کرد و تنها شیرین اجازه‌ی رفت و آمد نزد او را داشت اما وجود شیرین حتی در بند نیز برای خسرو دلپذیر و جان بخش بود. یك شب که خسرو در کنار شیرین آرمیده بود، فرد ناشناسی به بالین او آمد و با دشنه‌ای جگرگاهش را درید. حتی در کشاکش مرگ نیز راضی نشد موجب آزار شیرین شود و بی صدا جان داد. شیرین به واسطه‌ی خون آلود بودن بستر از خواب ناز بیدار شد و معشوقش را بی‌جان یافت و ناله سر داد. در میانه‌ی ناله و زاری شیرین بر مرگ همسر، شیرویه برای او پیغام خواستگاری فرستاد. شیرین نیز دم فرو بست و سخن نگفت. صبحگاهان، که خسرو را به دخمه بردند، شیرین نیز با عظمتی شاهانه قدم در دخمه نهاد و در تنهایی‌اش با او دشنه ای بر تن خود زد و در کنار خسرو جان داد. بزرگان کشور نیز که این حال را دیدند، خسرو و شیرین را در آن دخمه دفن کردند.

چو افتاد این سخن در گوش فرهاد   ز طاق کوه جون ماهی در افتاد

به زاری گفت کاوخ رنج بردم   ندیده راحتی در رنج مردم

فرو رفته به خاک آن سرو چالاک　　　چرا برسرنریزم هر زمان خاک

صلای درد شیرین در جهان داد　　　زمین بر یاد او بو سید و جان داد!

لیلی و مجنون

لیلی و مجنون داستان سوم از مثنوی های نظامی گنجوی نوشته شده به سال 584 هجری قمری است . داستان جذاب است و بارها به شکل فیلم عرضه شده است.

داستان لیلی و مجنون در ادبیات ایران شهرت بسیا ردارد و در اشعار صدها شاعر ایرانی به نوعی نام لیلی و مجنون آمده است

گفته شده است این داستان بن مایه عربی دارد و نظامی از آن سود جسته و خود بر آن افزوده و داستانی جذاب نگاشته است

به گفته محقق ارجمند زنده یاد عبدالحسین زرینکوب صرف نظر از واقعی یا تخیلی بودن قهرمان داستان(مجنون) ، نام او دست کم سه سده پیش از نطامی وجود داشته است ولی آنچه از اخبار عرب به دوره نظامی رسیده ، گزارش هایی سست و بی پیوند و گاه متناقض از زندگی مجنونِ بوده که از میان اشعار منسوب به قیس عامری و حکایات بومیان و شایعات و تعابیر درست و غلط گرد آوری شده بود. این ماده خام عشقی بدوی در اصل نه از عمق معنوی برخوردار بوده و نه با تخیلات یک شاعر بزرگ آمیخته بود. قدیمی ترین داستان فارسی مستقل نوشته شده منسوب به مجنون داستان آزاد کردن آهوی اواست که در حدیقته الحقیقه اثر سنایی غزنوی ذکر شده است .

در هر حال اصل داستان بسیار ساده بوده و نظامی از تلفیق تمامی روایات مکتوب و شفاهی و با کمک تخیل خود برای اولین بار داستانی نو با عنوان لیلی و مجنون

آفریده است . به عبارت دیگر شهرت لیلی و مجنون و مثل شدن آنان از دولت سر شاعران ایرانی بوده و ایرانیان بودند که تکه پاره ها را تبدیل به یک داستان منسجم و واحد و با ارزش کردند. و حتی اگر ثابت شود که داستان لیلی و مجنون که فعلا

در اختیار ما است ، ریشه عربی دارد، بازهم از تاثیر ادب و فرهنگ ایرانی در تبلور این داستان چیزی کم نمی کند . قدیمی ترین نوشته ای که در آن یادی از لیلی و مجنون شده است، کتاب « الشعر والشعرا» ـ قرن سوم هجری ـ است

خلاصه ای از داستان لیلی و مجنون

پروفسور فتحی در کتاب پنج گنج نظامی داستان را با نظم ونثر (برای توضیح) به خوانندگان عرضه داشته است . هرکه مایل باشد باید آن را بخواند . ما در این جا نوشته های نثر ایشان را می خوانیم :

نظامی از قول گوینده داستان می نویسد در عربستان بزرگواری بودکه خاک عرب از نسیم نامش خوشبوی شده بود. مردی صاحب هنر بوده و سلطانی کامکار ، درویش نوازو مهمان دوست که همیشه از خداوند می خواست به او فرزندی عطا کند و ایزد به تضرعی که داشت پسری خوب به او عنایت کرد .

پسر مادری مهربان داشت واورا به شیری که از مهربانی سرچشمه می گرفت پرورش داد . پسر بزرگ شدو افسانه خلق و جمالش در دنیا پیچید نام این پسر **قیس** بود . از این کودک سخنانی شنیده میشد که به سخن خردمندان می مانست در قبیله ای دیگردختری زیبا و آراسته و به گفته نظامی آهو چشم زیست می کرد نام این دختر زیبا **لیلی** بود

دختر وقتی بامداد بیدار میشدو به بازی می پرداخت ، قیس اورا می دید. این دو از عشق یکدیگر بی قرار بودند . قیس را در شهر **مجنون** می خواندند واز بسکه تکرار کردند نام او از قیس به مجنون بدل شد.

وقتی این دو را به گناه عشق از یکدیکر جدا کردند مجنون، مجنون تر شدو لیلی نیز در عشق او می گریست . مجنون سر به کوی و بازار نهاد . همه مردم شهر داستان عشق اورا شنیده بودند و می دانستند او کیست . داستان اورا شنیده بودند. نمی دانستند او دبوانه حقیقی نیست بلکه دیوانه عشق لیلی است . کودکان گاه به دنبال او می افتادند و اورا مسخره می کردند و به سویش سنگ می انداختمد

مجنون هر روز دیوانه وار به سراغ کوی لیلی میرفت . لیلی از دیدار مجنون محروم بود. به علت محدودیت های اجتماعی و سدی که پدرش در برابر او گذاشته بود اجازه

نداشت مجنون را ببیند . در آن زمان دختر چون کنیزان زیر فرمان پدر و خانواده بود ونمی توانست بجز دستور والدین کاری کند . مجنون نیز از این وضع ناراحت و دیدگانش پر از اشگ بود. سخنان خودرا با باد صبا می گفت تا مگر باد صبا پیامش را به لیلی برساند . نظامی در این جا سخنان مجنون را به زیبایی بیان می کند.

سخنان مجنون و حرکات او پدر را ناراحت کرد با مشاوران مشورت کرد . گفتند بهتر است به سوی پدر لیلی رفته و اورا برای مجنون خواسگاری نمایند.

پدر مجنون سید عامری وقتبی مطلب را شنید با پیران و بزرگان قوم مشورت کرد به اتفاق آنان به سوی قبیله لیلی رفت . آنگاه سخنانی راجع به خانواده خود گفت اعلام داشت که وی از نظر مال ومنال مرفه ودر میان امثال و اقران سر شناس است پدر لیلی چون داماد را شناخت به پدر او گفت باید اول اورا معالجه کنی و بعد از عشق و وفا و زناشویی سخن گویی . چون مردم بدگویی می کنند و مرا راحت نمی گذارند . آنانکه برای خواستگاری آمده بودنددیدند جای سخن گفتن نیست ناگزیر به جای خود باز گشتند .پدر مجنون به او گفت باید لیلی را فراموش نمایی.

مجنون ناراحت شد . از خانه بیرون رفت ودر گریه و زاری گفت هرچه لیلی بخواهد مورد قبول من است .   مجنون سر به بیابان گذاشت و ناله وزاری آغاز کرد . مردم به حال او رحم آوردند . سخنان و گریه ها و دعا هایش را نظاره می کردند .دوستان پدر مجنون به خانه اش رفتند و گفتند بهتر است به اتفاق به خانه خدا روی و از خدا بخواهی عشق لیلی از دل مجنون بیرون رود .

پدر ، مجنون را با خود به کعبه برد و گفت اینجا دعای تو مستجاب میشود پس تا می توانی دعا کن و ارخدا یاری بطلب .

در کعبه ، پدر به سخنان مجنون گوش فرا داد و دانست که او دل در گرو عشق

دارد. وقتی به خانه رفت سخنان مجنون با خدا را به همه خویشان گفت

این داستان زبانزد عام و بهترین قصه روز شده بود. و حتی به گوش رییس

قبیله لیلی رسانده بودند . مردم به درگاه رییس قبیله چندان از مجنون بد گویی

کردند که او شمشیر کشید و قصد کشتن مجنون نمود. زیرا می پنداشت مجنون

باعث آبروریزی قبیله او خواهد شد او این سخن را به شحنه ها می گفت و آنان

می گفتند هردو را به قتل خواهیم رساند. در این فاصله یکی از عامریان خبر یافت که قصه به گوش رییس قبیله رسیده و اورا خشمگین کرده است .دیگری گفت ممکن است مجنون از توطیه خبر نداشته باشد باید خبر را به او گفت .

پدر مجنون کسانی را به دنبال او فرستادتا اورا دستگیر کرده بیاورند چون مردی که مامور قتل شده سفاک و خونریز است و خون اورا بی جهت بر زمین خواهد ریخت . مردم در حوالی شهر همه جا گشتند تا مجنون را پیدا کنند.

مجنون در بیابان می رفت و غذایی نداشت. گرسنه وتشنه می نالید و آرزوی وصل لیلی داشت . به خود سرزنش ها می کرد و در جستن گنج رنج می برد تا شخصی از قبیله بنی سعد اورا دیدو دانست که در حال بسیار بدی است با او به سخن پرداخت اما جز خاموشی جوابی نشنید . . پدر مجنون هم به دنبال او می گشت تا روزی اورا برسر سنگی یافت . می شنید که با خود غزلی می خواند و گریه می کند

چون دید پدر ، سلام دادش　　　پس دلخوشی تمام دادش

مجنون چو صلابت پدر دید　　　در پای پدر چو سایه غلطید

کای تاج سر و سریر جانم　　　عذرم بپذیر ، ناتوانم

می بین و مپرس حالتم را　　　می کن به قضا حوالتم را

از آمدن تو رو سیاهم　　　عذرت به کدام روی خواهم

پدر با گرمی و مهربانی اورا نصیحت کرد و در عین حال گفت که تو آبروی خود و مرا ریخته ای باید آن کسی را که به تو علاقه و توجهی ندار فراموش نمایی و زندگی دیگری آغاز کنی . مجنون در جواب پدر سخنانی می گویدکه نطامی آنهارا با زیبایی بیان کرده است

اما از سوی دیگر لیلی در خانه خود به سختی می زیست . گاهی به بام خانه میرفت و از آنجا مخفیانه به بیرون نگاه میکرد شاید مجنون را ببیند . گاه از بام خانه نامه هایی به زیر می افکند بلکه به دست مجنون برسد و بداند که لیلی در عشق پابرجا است نامه هارا گاهی مردم به مجنون میرساندند اما اینکار هم به علت سعایت برخی از میان رفت .

سر انجام لیلی تصمیم گرفت به نخلستان رود و با دوستان خود به گفتگو پردازد دوستان با او بودند ودر نخلستان می گفتند و می شنیدند اما فکر و ذکر لیلی با مجنون بود. می خواست به گوشه ای رفته تنها بماند و برای دل خود راز گوید و گریه نماید با اینکه در نزهتگاهی زیبا بودلذت نمی برد و گریه می کرد کسی اشعار مجنون را به آواز می خواند و لیلی گوش می کرد :

مجنون جگری همی خراشد　　لیلی نمک از که می تراشد

مجنون به خدنگ خار سفته است　　لیلی به کدام ناز خفته است

مجنون به هزار نوحه نالد　　لیلی چه نشاط می سگالد ؟

مجنون همه درد و داغ دارد　　لیلی چه بهار و باغ دارد

مجنون کمر نیاز بندد　　لیلی به رخ که باز خندد ؟

مجنون زفراق دل رمیده است　　لیلی به چه حجت آرمیده است

لیلی چوسماع این غزل کرد　　بگریست چنانکه سنگ حل کرد

آنگاه شدند سوی خانه　　شد در صدف آن در یگانه

داننده راز ، راز ننهفت　　با مادرش آنچه دید بر گفت

تا مادر مشفقش نوازد　　در چاره گریش ، چاره سازد

مادر زپی عروس بی کام　　سرگشته شده چو مرغ در دام

می گفت گرش گذارم از دست   آن شیفته گشت و این شود مست

ور صابریی بر او نمایم   برناید از او ، وز او بر آیم

دلتنگ چنان که بود می زیست   بی تنگدلی ، به عشق در ، کیست ؟

لیلی پس از بازگشت از نخلستان داستان را به مادر باز گو کرد که آوازه خوان از زبان مجنون چه گفت و گفت دیگر طاقت دوری ندارد. مادر می گفت چه کنم اگر بخواهم تورا درس صبر بیاموزم مشکل است و اگر بخواهم مجنون را واگذارم ممکن است در شیفتگی و عشق خطایی از او سرزند در این زمان از خانواده بنی سعد مردی بنام ابن سلام ، بلند قد ، خوشرو و ثروتمند علاقمند به ازدواج با لیلی شد . واسطه فرستاد تا خواستگاری انجام شود . مادر و پدر لیلی قبول نکردند

شخصی به نام نوفل که قوی و جنگجو و ثروتمند بود در بیابان به مجنون برخورد که با حالی زار چون پوستی بر استخوان کشیده به کناری افتاده بود نوفل علاقمند به کمک شد . اطرافیان به او گفتند این مرد مجنون نام دارد و عاشق زنی به نام لیلی است و از شور عشق به این روز افتاده است . مردم و مسافرین گاهی غذایی به می دهند و اورا نصیحت می کنند اما او همچنان در عشق لیلی است

نوفل با مجنون آشنا شد   مجنون داستان خود را برایش باز گفت   نوفل گفت من بهر وسیله باشد اورا به تو خواهم رساند به شرط آنکه از این دیوانگی و شیفتگی دست بر داری ، مسکنی گزینی ، لباس شایسته بپوشی و خودرا آراسته و پسندیده به مردم نشان دهی. نوفل یک سال در این راه کوشید ولی میسر نشد لذا به جنگ با قبیله لیلی برخاست بعد از مدتی جنگ به صلح

انجامید ولی موافقت ازدواج لیلی با مجنون به دست نیامد لذا بار دیگر جنگ آغاز شد و نوفل فاتح گشت و فرمان داد تا لیلی را به نزد او آورند پدر لیلی به گمان آنکه اورا برای خود میخواهد این تقاضا را رد کرد .
مجنون از عدم دسترسی به لیلی افسرده ترشدو باز سر به بیابان نهاد و کار های گذشته را تکرار کرد .

مجنون روزی در بیابان به مردی برخورد که آهویی را گرفته و قصد کشتن آن را دارد . به صیاد گفت کشتن آهو نیکو نیست .صیاد گفت من مردی تهی دستم و کشتن آهو وسیله ای برای غذای کودکانم می باشد . مجنون گفت من آزادی آهورا از توباز می خرم . مرکبی را که نوفل به او داده بود به صیاد داد و آهورا آزاد کرد و خود شب در غاری خفت

روز بعد باز مجنون در راه صیادی را دید که گوزنی را به دام انداخته وقصد کشتنش را دارد . مجنون آنچه از سلاح و زر و زیور قیمتی داشت به صیاد داد و گوزن را آزاد

روز دیگر وقتی مجنون زیر درختی نشته بود زاغی را بر شاخی بالای درخت دید با او به گفتگو نشست اما زاغ پیش از آنکه درد دل مجنون تمام شود از درخت پرید و مجنون سخت غمناک شد نطامی گفتگوی مجنون را با زاغ جالب توصیف کرده است مجنون به جایی دیگر رفت و اسیری را در دست زنی گرفتار دید . از زن پرسید این اسیر کیست و چگونه به دام تو گرفتار آمد ؟ زن گفت اگر راستش را بخواهی من زنی بیوه هستم و این رفیق درویش را به عنوان اسیر میبرم و در شهر میگردانم و از مردم برای او پولی میگیرم تا طعامی برای کودکان تهیه کنم . مجنون آزرده خاطر شد و گفت این درویش را آزاد کن و زنجیر را از گردنش بیرون آور و به

گردن من بیانداز من برای تو بیشتر کار خواهم کرد . زن چنین کرد . اما وقتی اورا با خود به شهر برد او دایما سخن از لیلی میگفت و مردم به او سنگ میزدند روزی که نوفل قبیله لیلی را شکست داد لیلی خوشحال شد به خیال آنکه وصال معشوق فراهم شده است اما پدر از در درآمد وگفت از شر مجنون راحت شده است لیلی بار دیگر به غم گرفتار شد.

پس از چندی روزی مردی به نام ابن سلام به خواستگاری آمد . لیلی را برای او بی تمایلش عقد کردند لیلی با وجود در آمدن به زنی ابن سلام اجازه نمی داد با او همبستر شود و وقتی او دست نوازش به روی لیلی کشید ، کشیده ای دریافت کرد . لیلی به ابن سلام گفت اگر خون مرا هم بریزی باتو همبستر نخواهم شد بهتر است با سلام علیکی خرسند باشیم

لیلی از یک طرف از شوهر می ترسید و از سوی دیگر از پدر وحشت داشت .

مردی خبر عروسی لیلی را با ابن سلام به مجنون گفت مجنون سر خود بر زمین زد و خود را زخمی نمود مرد قاصد وحشت زده سخن خود را عوش کرد و گفت من دروغ گفتم لیلی هنوز عروسی نکرده اما بعدا به مجنون گفت گرچه لیلی عروسی کرده ولی با ابن سلام نزدیکی ندارد و هنوز پایبند عشق تواست .

وقتی قاصد دور شد مجنون با خود غزل ها خواند و زاری ها کرد و از بی وفایی لیلی سخن ها گفت بدین اندیشه که شاید اورا فراموش کند .

پدر مجنون که مدت ها اورا ندیده بود سخت دلتنگ شد و در حالت پیری به جستجوی پسرشتافت تا اینکه اورا در غاری هولناک نشسته یافت . آهسته به او نزدیک شد دست نوازش بر رخ او کشید واز احولش جویا شد.

مجنون از فرط ضعف قدرت شناسایی پدر نداشت . از او پرسید کیستی و از کجا

می آیی؟ پدر خودرا معرفی کرد آنگاه مجنون پدر را شناخت و اورا در آغوش گرفتِ و با هم گریستند . پدر گفت من آخرین روز های زندگی را طی می کنم می خواهم باقی مانده ایام زندگی را با تو باشم . مجنون گفت من که مدت هاست مرده ام مرا بگذار و برو . با هم وداع کردند و از هم جدا شدند . پس از درگذشت پدر خبر مرگ او به مجنون رسید بسیار غمگین شد و بسیار زاری کرد

چندان زمژه سرشگ خون ریخت   کاندام زمین به خون بر آمیخت

گفت ای پدر ! ای پدر کجایی ؟   کافسر به پسر نمی نمایی

ای غمخور من کجات جویم ؟   تیمار غم تو با که گویم ؟

فریاد که دورم از تو فریاد   فریاد رسی نه جر تو برباد

مجنون که در غارها و بیابان ها زندگی می کرد و کم وبیش سر و کارش با وحوش بود با آنها ددوست شد . درندگان با او مهربان شده و به فرمانش بودند.

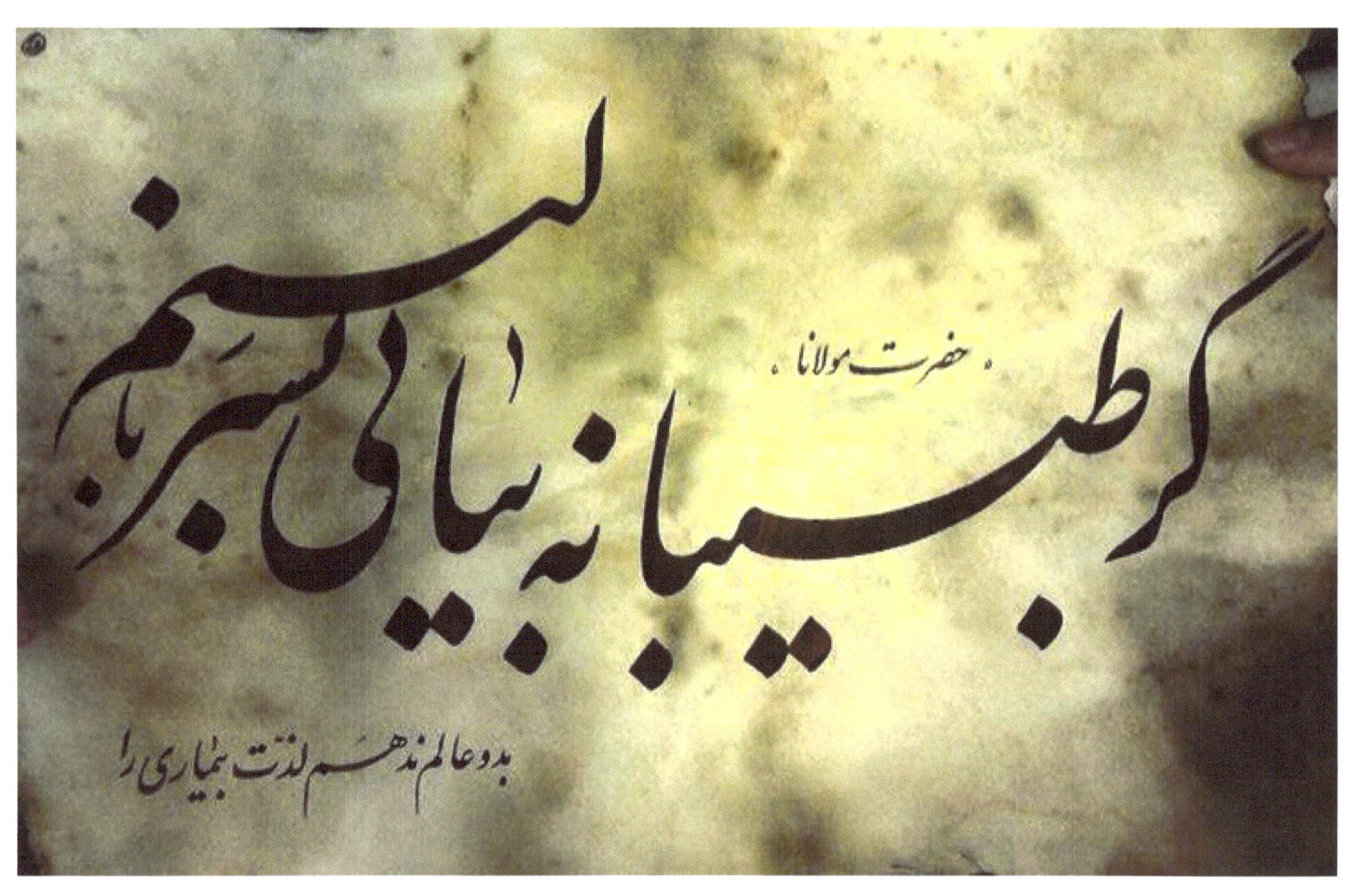

پس از مدتی ابن سلام بیمار و بدرود حیات گفت لیلی به سوگ نشست این خبر توسط شخصی به نام زید به مجنون رسید . او خود را برای دیدار و تسلیت به لیلی رساند .

لیلی و مجنون یکدیگر را در آغوش گرفته می گریستند و غم جدایی را به یکدیگر باز می گفتند . غزل می گفتند و از عشق سخن می راندند .

در فصل خزان ، لیلی دچار بیماری شد و درمان موثر نشد و جان داد

مجنون بر سر گور لیلی رفت و مدت ها زاری کرد و از خداوند خواست تا اورا با لیلی مانوس کند و از دنیا ببرد

مجنون بر سر گور لیلی بیهوش شد و از جهان رفت

بعد از مدتی مردم قفل در مقبره لیلی را باز کردند و دیدند مجنون در آن جا مرده و گویی سالهاست از میان رفته است و فقط استخوانهایی از او به جای مانده است . قبر لیلی را کمی کندند و استخوانهای مجنون را در کنارش گذاشتند . نظامی در پایان داستان افزوده است که شبی زید لیلی و مجنون را به خواب دید که هر دو در بهشت باهم زندگی خوشی دارند

دریای سخن نمود پایاب   کشتی به عدم رسید دریاب

شد قصه به غایت تمامی   المنت لله   ای نظامی

این قصه کلید بستگی باد   در خواندن آن خجستگی باد

هم فاتحه ایش هست مسعود   هم عاقبتیش باد محمود

کتاب به شاه جهان ابو المظفر خاقان کبیر تقدیم شده و شاعر آن را به نام او پایان داده است

شروا شه کی قباد پیکر   خاقان کبیر ابوالمظفر.

هفت پیکر

چهارمین منظومه نظامی هفت پیکر یا بهرام نامه نام دارد پروفسور فتحی این داستان را هم به نظم و هم به نثر نشان داده تا درک مطالب برای خوانندگان آسان باشد و این کوشش او شایان تقدیر است.

این منظومه حاوی 4600 بیت و شامل سر گذشت بهرام گور و پدرش یزدگرد است فرزندان یزدگرد زنده نمی ماندند. چون بهرام به دنیا آمد موبدان و اختر شماران توصیه کردند بهتر است شاه ، فرزند را در سرزمینی دیگر پرورش دهد. لذا کودک را به یمن فرستادند و شاه آن ناحیه ، نعمان که خراج گزار ایران بود پرورش کودک را به عهده گرفت جون بهرام بزرگتر شد قصری با شکوه برای او ساختند . کار بهرام عیش و عشرت و شکار

کردن بود و چون به شکار گور علاقه داشت به بهرام گور مشهور شد .

در کاخ بهرام اتاقی دربسته بود که چون به امر او باز شد دید که بر دیوارهای آن نقش هفت دختر زیبا - دختران پادشاهان هفت اقلیم تصویر شده و صورت بهرام نیز در میان آنها است در زیر تصاویر نوشته بودند که بهرام با دختران زناشویی خواهد کرد.

پس از مرگ پدر ، چون ایرانیان از رفتار بهرام راضی نبودند اورا واگذاشتند و خسرو نامی را به شاهی گماشتند بهرام پس از شنیدن این خبر به ایران آمد و پس از گفتگو به پیشنهاد او تاج شاهی را در میان دو شیر نهادند تا هرکس توانست آن را از میان دو شیر بردارد تاج برسر نهد . خسرو از این کار امتناع کرد . بهرام با کشتن آن دوشیر تاج را برداشت و برسر نهاد پیش گویی منجمان در باره زناشویی بهرام با دختران هفت اقلیم نیز به حقیقت پیوست هفت قصر برای آن هفت شاهزاده بساخت که هریک به رنگی بودند وبا یکی از روز های هفته تناسب داشتند . بهرام هر روز هفته را نزد یکی از این شاهزادگان می رفت و از او می خواست تا داستانی برای او تعریف کند ونظامی هفت داستان از زبان هفت شاهزاده به نظم آورده که همه در حد اعلای زیبایی است و از شاهکارهای شعر پارسی به شمار می رود

اسکندر نامه

پنجمین و آخرین کتاب نظامی اسکندر نامه است که دارای دوبخش – شرفنامه و ساقی نامه می باشد . این کتاب در اواخر عمر نظامی تصنیف شده است .

پروفسور فتحی برای تسهیل درک مطالب مانند کتابهای پیشین اشعار را با نثر آمیخته و در واقع کلیدی برای درک مطلب ارایه کرده است.

فردوسی بزرگ نیز در شاهنامه حکایت اسکندر را آورده است با واژه های پارسی.

نظامی اسکندر را به عنوان قهرمان داستان خویش برگزیده و شرح جهانداری او و داستان سخن گفتن وزیران و تدبیر های آنان و شرح احوال حکیمان یونان و آرا و نطر هایشان را نشان داده است اسکندر نامه حکایت از آن دارد که نظامی

در اواخر عمر دارای اطلاعات وسیع فلسفی و نجومی بوده است . اسکندر نامه را بیشتر از کتابهای دیگرش دوست می داشته و ارج می نهاده است و شاید علت آن بوده که این کتاب را تنها به خاطر دل خود و نه بر اساس توصیه دیگران تصنیف کرده است . نظامی پس از مطالعه همه منابعی که در دسترس داشته به این نتیجه رسیده است که تصنیف اسکندر نامه به معنای پرواز دادن مرغ خیال برای طرح همه مسایلی است که در طول حیات اندیشیده است . نظامی به نوشته فردوسی ارج می نهد و اسکندر نامه را در همان وزن شاهنامه می آورد و می گوید :

سخنگوی پیشینه ، دانای توس   که آراست روی سخن چون عروس

در آن نامه کان گوهر سفته راند   بسی گفتنی ها که ناگفته ماند

اگر هرچه بشنیدی از باستان   بگفتی ، دراز آمد این داستان

نگفت آنچه رغبت پذیرش نبود   همان گفت کز وی گزیرش نبود

در کسوت شاعری

پروفسور فتحی نه تنها در جهان پزشکی و جراحی شخصیتی ممتاز و نمونه است که در عالم شعر و ادب هم گوهری والا و ارجمند می باشد.

از آنجا که او و من سالیانی دراز باهم دوستی صمیمانه داشته ایم و من هماره از این دوستی مباهی و مفتخر بوده ام شاید نوشته هایم به نوعی تعبیر به مداهنه و مجامله شود لذا بهتراست که بیان این مطالب را به عهده نوشته های آقای دکتر مهدی ذکایی بگذارم

:

(پروفسور کاظم فتحی را سالهای دراز است که می شناسم . اورا به عنوان یک متخصص مغز و اعصاب، یک جراح برجسته که جان بسیاری ار انسان هارا نجات داده و گاه حتی از جیب خود گذاشته تا منجی یک بیمار درمانده باشد ، اورابه عنوان یک فرهنگ دوست و یک ایرانی عاشق سرزمین خودش، به عنوان یک انسان پاکدل ودر نهایت دانش و آگاهی هایش بسیار فروتن و خاکی می شناسم . آن سوی چهره پروفسور فتحی را وقتی شاختم که از قلب ایران، حتی از شهر های دور، از زبان دانش آموزان و دانشجویان شنیدم ، پروفسور فتحی مجموعه کتابها و سروده هایش را به دور ترین کتابخانه های ایران بخشیده ایست . و برخی از آنها به عنوان منبع اطلاعات ارزنده در باره زندگی نامه شاعران ، برای هزاران دانش پژوه ، ارزشمند و راهگشا بوده است .

بسیاری نمی دانند پروفسور فتحی که آن همه کتاب نوشته، آن همه شعر سروده ، آنهمه سرمایه برای چاپ و نشر و حتی پخش آنها گذاشته ، هنوز در پی آموختن است ! هنوز در سنین بازنشستگی، با وجود فرزندان برومند و نوه های شیرین ، خود را شاگرد مکتب اساتید می داند .

از دید گاه شما در وجود ،در قلم ، در چشمه های ذوق پروفسور فتحی چه رازی نهفته است که اساتید و اسطوره های دوران ما ، چون استاد محمد علی جمال زاده ، استاد محمد زرنگار ، دکتر حسن شهباز ، دکتر محمد جعفر محجوب این چنین دست و دل بازانه در باره اش می

نویسند و اورا انسانی والا، شاعری خوش قریحه با احساسات پاک انسانی می انگارند. شما در عمر کوتاه و بلند خود ، چند جراح جهانی ، چند شاعر قدرتمند ، نویسنده توانا را می شناسید که از سرمایه خود بگذرند هزاران کتاب و دیوان و مجموعه به چاپ برساننندو بعد با همت و هزینه خود به کتابخانه های سراسر ایرن و جهان ارسال دارند .؟

هر بار که سروده های پروفسور فتحی رامرور کرده ام ، محو پیام های ویژه اش ، پیام های انسانیش ، و قدرت اندیشه اش شده ام و با خود گفته ام اگر خداوند اورا یک جراح برجسته و کار آزموده و اعجاز آفرین خلق کرده و به جامعه انسانی هدیه داده ، در لابلای امواج مغزش ، نبوغ سرودن ، عشق به انسانها و دست و دلبازی در زمینه حفط شعر و ادب پارسی را پرورش داده است.)

پرو فسور فتحی چندین کتاب شعر ارزشمند از خود به یادگار نهاده است

در صفحات آتی ، نگاهی به این کتابها خواهیم داشت .

دفتر آرزو

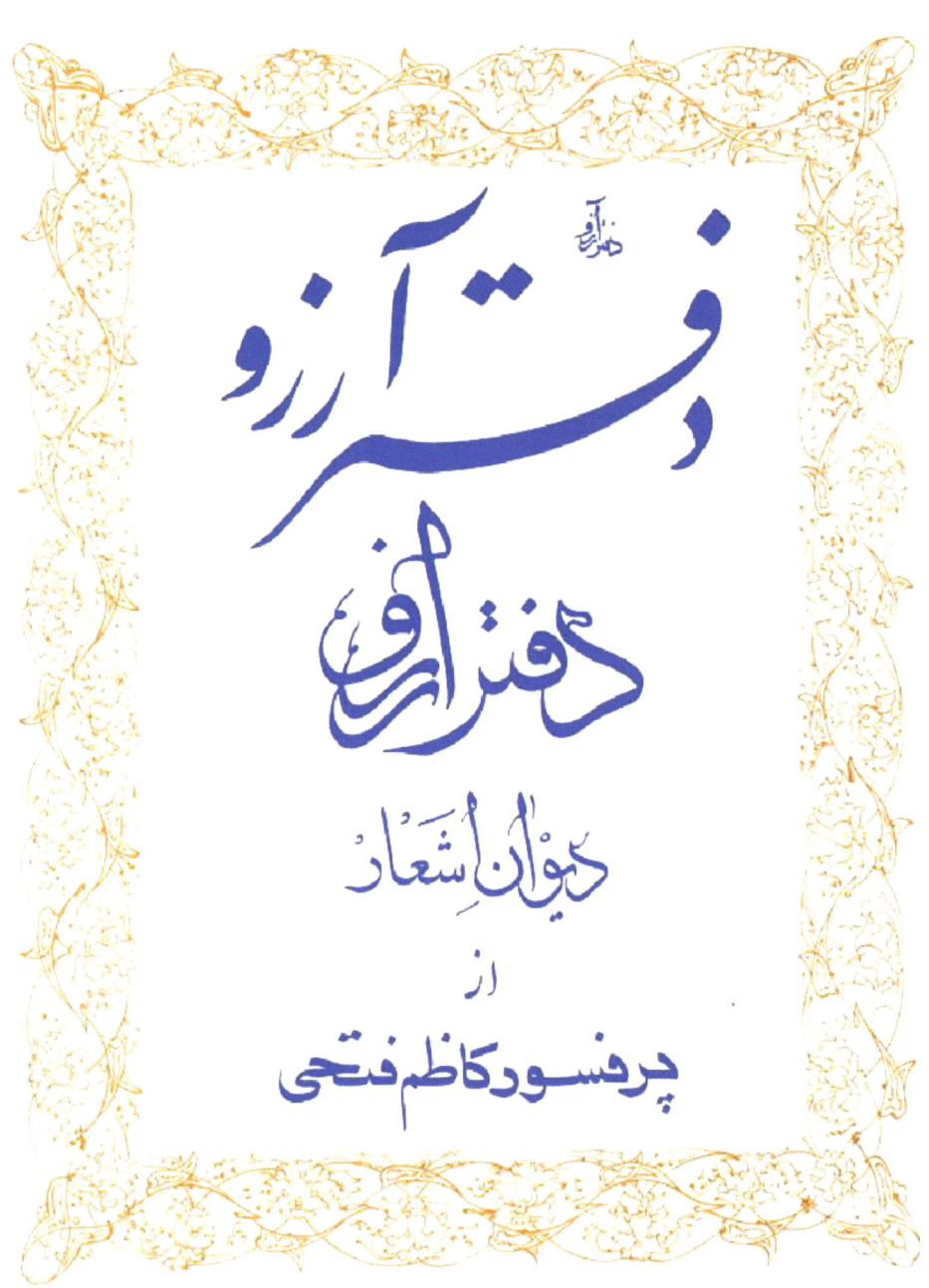

دفتر آرزو

دیوان اشعار

آرزو نام دختر پروفسور فتحی وفرزند دوم ایشان است که اکنون به عنوان پزشک متخصص بیماری های کودکان در شهر لاس وکاس مشغول طبابت و مانند پدر در کارش موفق است در مورد دفتر آرزو و شروع آن ، خود شاعر مطالبی نگاشته است که بهتر است به آن نگاهی داشته باشیم :

(کتاب آرزو موقعی شروع شد که من چهارده ساله بودم و در آن تاریخ شعر می نوشتم و چون بقدر کافی از شعرا اطلاعی نداشتم این اشعار را برای عموی خود می خواندم او هم تصحیح می کرد . سالها بعد که دوره دبیرستان را کامل کردم و به مطالعه پرداختم تازه فهمیدم شعرا چه کسانی هستند . سروده های من در اواسط چهارده تا شانزده سالگی مربوط به داستانهای اجتماعی بود . بعدا تبدیل شد به اشعار انتقادی در رابطه با کارهای ناپسندی که در مملکت انجام می شد و یا اخباری که می شنیدم .

این اشعار رادر دفتری جمع کرده بودم و امیدوار بودم روزی به چاپ برسد . در آن تاریخ دو بار در رادیو تهران به من اجازه دادند که اشعارم را بخوانم و مورد استقبال جمعی قرار گرفت و تقاضای تکرار شد . این دوران مصادف با گرفتاری های ملی شدن نفت شد . دکتر مصدق روی کار آمد .شاه از مملکت خارج و دوباره باز گشت . دوران بسیار بحرانی و نامساعدی بود به یاد می آورم یکی از شرکت کنندگان در اعتراضات پسر بچه سیزده ساله ای بودکه تیر خورد و اورا به بیمارستتان مخصوص شهربانی در خیابان ثریا بردم متاسفانه درمان نشد و جان سپرد . برای آن پسر شعری نوشتم که در اعتصابات دانشگاه تهران و راد یو تهران هم خوانده شد . در آن موقع دانشجوی دانشکده پزشکی و نماینده

کلاس در شورای دانشگاه بودم و در چاپ روزنامه دانشجو کمک می کردم . و در رادیوی ژاندارمری که بعدا رادیوی نیروی هوایی شد جزء افراد پنج گانه شرکت عامله بودم . موقعی که تصمیم گرفتم به آمریکا بروم از ترس اینکه در فرود گاه چمدان هارا باز کرده و کتاب های اشعار انتقادیم را بخوانند ودرد سر ایجاد شود آنهارا در زیر زمین منزل در زیر آجرها در یک جعبه پلاستیکی پنهان کردم . متاسفانه سیزده سال بعد که به ایران بازگشتم وقتی به سراغ جعبه کتابها رفتم مشاهده کردم کاغذ ها پودر شده و اشعار از میان رفته است

بعدها اشعاری را که با خودبه آمریکا برده بودم و اشعاری که می نوشتم و جمع میکردم کتابی شده بود در حدود هزار صفحه و اولین کاری که کردم یافتن خطاطی بود که کتاب را به خط نستعلیق بنویسد . ولی شخصی مطابق سلیقه من در این جا وجود نداشت . شش نفر را پیدا کردم که که هرکدام نمونه خط خود را برایم فرستادند . متاسفانه برخی که خطشان خوب بود حرفه ای نبودند لذا مجبور شدم با کمک یک ایرانی اشعار را به ایران بفرستم تا یکی از اعضای انجمن خوشنویسان آنرا بنویسد .   آن خطاط از من خواست نامش نوشته نشود و من هم چنین کردم

هر شعر از کتاب آرزو شاید دو سه بار به ایران رفت و بازگشت تا توانستم نسخه ای را که کمتر غلط دارد به دست آورم   و اشعار به همان صورت چاپ شد . برای نمایش اشعار از نقاشان استفاده کردم یکی از آنان هنرمندی بود بنام آقای عباس طاهری و دیگری آقای زمان زمانی که زحمت کشیدند .

دفتر آرزو را به نام دخترم آرزو گذاشتم و علاقمند بودم که نام کتابهای دیگرم را هم بنام فرزندانم بگذارم . کتاب دوم به نام پیام آرمان و سومی به نام گنجینه رامین است . کتاب دفتر آرزو مجددا در ایران به چاپ رسید .)

دیباچه دفتر آرزو به قلم زنده یاد نویسنده مشهور آقای محمد علی جمال زاده :

راقم این سطور مولف محترم کتابی را که در جلو دیدگان دارید هرگز ندیده و از این موهبت محروم است ولی از همان لحظه ای که یک تن از دوستان ایرانی با ذوقم قطعات منظومی زاییده طبع رسای او از آمریکا به ژنو فرستاد و کم کم اندکی با سبک اندیشه او آشنایی حاصل گردید تعجب کرد که در گوشه ای از دنیایی که ما آن را ینگه دنیا ، یعنی دنیای تازه و نامعلوم می خوانیم و هزار ها کیلومتر از

ما به دور افتاده است ناگهان نام یک تن از هموطنان بگوش می رسد که حتی وجودش بر ما یکسره مجهول بودو اینک ناگهان و بدون هیچ سابقه می بینیم سخنوری تواناو در عین حال بینا و پویا و مشهورو از آنجایی که خورشید در آنجا غروب می کندو مغرب زمین آمریکا نام دارد برای کسانی که در این سوی جهان آدمیان چشم به به دنیا و زندگی گشوده ایم و در خاوورزمین و سرزمین خورشید طالع زیست می کنیم ارمغانی می فرستد که نظیر آن به ندرت نصیبمان شده است و از آن مایده های بهشتی است که روزی نصیب هرکس شود روزگاران درازی مزه اش را فراموش نخواهد کرد . وقتی به اوج تعجب و تحسین می رسیم که آگاهی می یابیم که این سخنور سخندان والا مقام کارش طبابت است و از جراحان شهیر و پزشکان نامدار سرزمینی بشمار می رود که نیم قرنی است در آنجا مراتب تحصیل علم ومعرفت و صداقت را آموخته و قدم به قدم مراتب ترقی و ترفیع و شهرت را پیموده است و ورد زبانها است که تا کنون هزار عمل جراحی در مغز اولاد آدمیان به دست زبردست او به عمل آمده است و شهرتش در آن صفات نه چندان است که خامه ناتوان من از عهده بیان بر آید

چنانکه ملاحظه فرمودید این مرد شریف و والا دکتر کاظم فتحی نام دارد و ساکن لاس وگاس شهر معروف ایالات متحده آمریکا است و در حدود نیم قرنی میشود که ساکن آن سرزمین است و با وجود آن همه کار های مشکلی که لابد هرروز بلکه هر ساعت بامر وظیفه و خدمتگزاری باید انجام بدهد سر سوزنی وطنش ایران و هموطانش را از فکر و مغز دور نداشته است و به یاد آنها آن همه سخنان بلند و لبریز از عواطف انسانی و عرفانی و محبت دل و جان به وطن و هموطنانش عرضه می دارد.

منِ هیچ ندان ، استاد معظم انگلیسی پروفسور ادوارد براون را دانشمندی بزرگ و ایران شناسی بی مانندو ایران دوستی بسیار صدیق و خیر خواه می دانم .

و در طی پیش گفتار ناچیزی که سرگرم تهیه آن هستم چهره تابان هموطن شریفمان کاظم فتحی ناگهان شرحی را بیادم آوردکه در همین اواخربه قلم همین ایران شناس بزرگ در کتاب عالیقدرش تاریخ ادبی ایران که شصت هفتاد سال پیش از این قسمتی پس از قسمتی به زبان پارسی به ترجمه و طبع رسید و در چهار جلد ضخیم است ومن چندی پیش در ترجمه پارسی بسیار ممتاز جلد نخستین آن چنین خواندم و مرا ساعت ها غرق در تفکر ساخت در صفحه 587از ترجمه پارسی (جلد اول، تهران ، ابن سینا) سال 1335 به حلیه طبع آراسته گردیده است چنین می خوانیم :

حقیقت آن است که در باره مفهوم دین اختلاف عمیقی بین ایرانیان مغرب زمین وجود دارد در مغرب زمین مراد از دین ، ایمان و درستکاری و حق پرستی است و البته این امر نسبی است . اما در ایران مراد از دین ، دانش و اسرار غیب است . در ایران کلید اسرار عالم روحانی و مادی همانا دین است... با سکون و آرامش و خرد...... .

در اینجا مترجم کتاب یعنی مرد بسیار عالیقدرو دانا و صاحب فکر مرحوم علی پاشا صالح در حاشیه از جانب خودش این شرح را افزوده است که الحق مبتنی بر انصاف و حقیقت گویی است و ماهم وظیفه وجدانی خود میدانیم که ان را عینا در این جا نقل کنیم نوشته است در حاشیه صفحه 558 در قرآن و اخبار و آیات و احادیث بسیار است که مسلمین را به کار و کوشش و سعی و عمل خیرات و مبرات امر می کند از قبیل :

لیس للانسان الا ما سعی - فضل الله المجاهدین علی القاعدین

و باز آیات و احادیث عالی و معتبر دیگر در همین معانی و سپس در تایید گفتار خود از شیخ سعدی خودمان هم مقدلری ابیات زبده آورده است .که ما در زیر فقط زبده آنهارا از نظر خوانندگان می گذرانیم الحق جا دارد که تمام ایرانیان از پیر و جوان این سخنان نغز و پر معنی را از حفظ داشته باشند :

برو شیر درنده باش ای دغل   میانداز خود را چو روباه شل

چو مردان ببر رنج و راحت رسان   مخنث خورد دسترنج کسان

بگیر ای جوان دست درویش پیر   نه خود را بیفکن که دستم بگیر

و البته این سخن شیخ بزرگوار شیراز را هم که الحق قرن ها است که معلم اخلاقی و مربی ما آدمیان می باشد می توان به ابیات فوق افزود :

عبادت بجز خدمت خلق نیست   به تسبیح و سجاده و دلق نیست

در سخنان منظوم شخص شخیص دکتر کاظم فتحی اثرات عرفانی و تصوف عیان است و جای تعجب نیست که آنهمه گفته ها و تعلیمات گروه عظیم صوفیان بزرگ و عرفان نامدار و پیران عالیقدر در یک نفر ایرانی که اهل دانش و فضل و تفکر و تامل و کاوش معنوی است بلا اثر بماند .

ما میدانیم که همین پروفسور براون که ذکر خیرش گذشت در همان جلد نخستین کتاب مستطاب تاریخ ادبی ایران وقتی از عرفا و بزرگان معنی و اندیشه ایرانی سخن می راند چنین نوشته است :

صوفی را اصولا مشرب و مسلک چنان است که از هر گوشه ای که وی را پسند آید توشه ای گزیند و از هر خرمنی خوشه ای بر گیرد و در اخلاق و دین به آزادی از قیود و حدود گراید و نسبت به صورت ظاهر عبادت و شرایع سهل انگارد .

از کلمات قصار صوفیه که مورد علاقه و توجه آنان است یکی همین جمله است :

الطرق الی الله یعد د انفس الخلایق یعنی راه هایی که ما را به خدا میرساند به شماره نفوس مردم است و حدیث دیگر اطلب العلم ولوبالصین همواره ورد اهل عرفان و تصوف است با نظر دقیقی به سخنان دکتر عزیزمان آقای کاظم فتحی جایی برای کمترین شک و تردید باقی نمی ماند که این مرد زاییده ایران است و همه مسافرت ها و دنیا گردی ها و دور افتادن صدها فرسنگ از وطن مالوف تمام ذرات وجودش ایرانی مانده است و هر آنچه دیده و شنیده است و دستگیرش شده و شیره و چکیده وجودش گردیده است همه عطر و حسن و جلوه ایرانی را دارد و باید هم هرکجا و در هر حال و در هر فکری هستیم از دل و جان دعا بکنیم که این صفت بارز و گرانبها همیشه با وجود تمام پیش آمدها و حوادث

و قضایا و انقلابها و دگرگونی ها در ذات ما و در ذرات وجود فرزندان ایران باقی بماند و رهنمای ما و تنها راه نجات و آزادی درستکاری ما باشد و باقی بماند و مدام بر این ایمان و یقین نیز بیفزاید بعون ملک الوهاب .

اکنون مطلبی دارم که خارج از موضوع است ولی دلم نمی خواهد نگفته بگذارم و بگذرم .

در ایام جوانی که در بیروت دریک مدرسه شبانه روزی مذهبی مسیحی تحصیل می کردم معلم سالخوده ای داشتم فرانسوی که به علم تاریخ علاقه بسیار داشت و معتقد شده بود که قسمتی از ایرانیانی که زرتشتی بودند و در هجوم عرب های مسلمان به خاک ایران می خواستند به دین و آیین خود باقی بمانند و با کشتی های بادی ازجانب خلیج فارس عازم خاک هنوستان بودندباد کشتی آنهارا به طرف جنوب و مشرق رانده به سواحل غربی آمریکای جنوبی رسیده و پیاده شده و در آنجا سکنی گزیدند و با سرخ پوستان آن سرزمین دوستی و آشنایی حاصل نموده پاره هایی از معتقدات آیین زردشت پیامبر را به آنها آموختند در این اعتقاد خود راسخ بودند و دلیل هایی هم داشت از آن جمله می گفتند که سرخپوست ها آفتاب پرستی را از ایرانیان آفتاب پرست آموخته اند و سالهای بسیاری پس از آن در موقعی که انجمن ادبی کشور پرو با این حقیر بنای مکاتبه را گذاشت و برای مجله ادبی خودشان مقاله ای را از من در خواست کردند من همین مطلب راموضوع مقاله خودقراردادم و در ضمن مطالعه روزی با تعجب در باره دین و زبان مردم مکزیک آن زمانهای بعید دیده شدکه انها هم پته همین را « با اول مکسور » می داشته اند و در هر صورت مقاله رابه پایان بزبان فرانسوی فرستادم و در آنجا به زبان اسپانیولی در مجله خودشان چاپ کردند بعد ها در ایران هم در مدرسه که موجود دارم نقل شده است . از آنجا که دنیا طرفه غرایب و عجایبی دارد ، از کجا که عقیده آن کشیش پیشه فرانسوی مبنی بر حجتی می باشدو در آن زمان دور تمدن ایران در آمریکاهم سرایت نکرده باشد،و هو اعلم

ژنو به تاریخ 9 اسفند 1364 سید محمد علی جمال زاده

مقدمه به قلم شاعر

این اشعار حاصل حدود سی سال تجربه من در شعر فارسی است و به علت مشغله فراوان و اشتغال به کار طبابت و ریسیدگی به نیاز درد مندان فراغتی حاصل نیامد که دست به تنظیم و انتشار آن بزنم . تا این که به پایمردی و تشویق دوستان ایرانیم این کتاب برای چاپ آماده شد .

بطور یقین در این مجموعه کاستی ها و نارسایی های فراوان مشاهده میشود چه ازنظرگاه شیوه و شیوایی بیان و قواره های شعر و چه از دیدگاه لغت شناسی و کتابت چرا که شروع سرودن این اشعار از سن دوازده سالگی است و بطور متناوب و گاهگیر هر گاه که حال و هوایی بود و فرصت و فراغتی به ضرورت قطعه ای از آن تحریر می شد

دریغم آمد که در سن پنجاه سالگی و پس از سی سال مداومت و ممارست و کسب تجربه گذشته زنگاربسته راصیقل بزنم . و پنداشتم واقعیت است هر قطعه در مقطع زمانی خاص و با پنداشت و برداشت آن سن سروده شده و تصحیح و ویرایش آن به احساس و حالت زمان سرودن لطمه خواهد زد . بااین داوری به همان سبک و سیاق مبادرت به چاپ آن نمودم تا چه قبول افتد و چه در نظر آید

در پیدایی این مجموعه از یاری و یاوری گروه زیادی از هنرمندان و دوستان عالیقدر ایرانی بهره مند شده ام که ذکر نام تعدادی از آنان نشانه سپاسگزاری و افتخار من است

این کتاب را تقدیم به پدر بزرگوارم مرحوم حسین فتحی و مادر گرانمایه خانم عشرت فتحی و برادرانم مهندس اکبر فتحی و مهدی فتحی و خواهرعزیزم فاطمه فتحی و همچنین همسرم خانم برگیتا و پسر اول آرمان حسین و آرزوی عزیز و پسر دوم رامین و کلیه هنرمندان و نقاشان و مترجمان و خطاطان محترم و خلاصه به ملت عزیزایران می نمایم

با امید پذیرش . پروفسور کاظم فتحی 1983

مقدمه به قلم دکترمحمد جعفر محجوب 1374 -1303

ا ز روزگار آشنایی صاحب این قلم بادکتر کاظم فتحی سراینده دفتر آرزو دیر زمانی نمی گذرد با این حال گمان دارم با دو تن چون دو روان با خبر با یکدیگر نزدیک بودیم و از همین رو است که امروز سالیان دراز از دوستی و یکدلی ما می گذرد . روزی که رشته ارادت این گوینده را در گردن جان خود احساس کردم وی نه تنها شعر های دفتر خودرا سروده بلکه کار

های مقدماتی چاپ و نشر آنراهم به پایان آورده و امید وار بود در اندک مدت آنرا انتشار دهد و نسخه ای از آن را برای بنده به پاریس بفرستد و اکنون از آن قول و قرار ها بیش از سالی می گذرد و هنوز این دفتر منتشر نشده و مخلص از فرانسه به آمریکا آمده و این یادداشت کوتاه را به عنوان واپسین مطلبی که به دفتر آرزو افزوده خواهد شدبه دست خوشنویس می سپرد .

اگر بنده دست کم از روزی که دکتر فتحی به فکر طبع و انتشار آثار خویش افتاده بود با او حشر و نشر و دوستتی و ارادت داشتم آن نکته شمس قیس رازی در المعجم را به گوش هوش وی می کشیدم که به گویندگان هشداری می دهد که زنهار تا شعر خود راز ناقدان بصیرو خاطبان متمیز دور ندارند .آن رابر «منصه عرض عامه » ننشانند و پیش از انتشار گفته خویش با مشورت صاحبان فن و شعر شناسان کار آزموده درست آن را از نادرست باز شناسندو صحیح آن را از سقیم و سره آنرا از نا سره جدا کنند و عروس شعر خویش رابی هیچ شاییه کسر و نقصان در بازار هنر جلوه گر نمایند . آیا امروز برای چنین توصیه ای دیر است و سراینده خود با من در این نکته همرای که از این پس اگر به سودای انتشار اثری افتد این اندرز را در نطر گیرد . از سوی دیگر باید در نظر داشته باشیم که گوینده این سروده ها عمر پر برکت خود را صرف کارهای سخت دقیق و دشوارو جانکاه کرده و پیشه ظریف جراحی مغز و اعصاب رابرگزیده است و عمری دراز را باید در راه احراز تخصص و تجربه آموختن در آن فن صرف کرد ، وی چون ایرانی است و به ایرانی بودن، به ایرانی برگزیده و مایه افتخار هم مینان خویش بودن سخت می بالد با وجود بسر بردن دو ثلث عمر خویش در بیرون از مرزهای ایران نگذاشته است که پیوندش با ایران، با شعر و سرود وساز ایرانی منقطع شود و ساعات بسیار محدودی را که پس از فراغت از کارو پرداختن به کارهای خانواده وهمسر و فرزندان برای او ، برای شخص اوباز می ماند بدین کار اختصاص داده و آرام جان و صفای دل خویش و تازه کردن پیوندبا وطن و هموطنان را در آن یافته است . اگر شعر دکتر فتحی با موازین دقیق و سخت گیر هنر شاعران بزرگ صد در صد موافق نیست چه غم ؟ او خود نیز چنین دعوی نداشته است و ندارد فقط خواسته است همزبانان و هم میهنان خویش رادر سخت و سست و پست و بلند نوسان های روح حساس خویش شریک

سازد و چون گفته های او از ریا و تصنع خالی است در این راه بی توفیق نیز نمانده است

محمد جعفر محجوب 24 مرداد1369

نمونه هایی از اشعار مندرج در دفتر آرزو

دفتر آرزو دارای دو بخش است : بخش اشعار به زبان پارسی و بخش سروده ها به زبان انگلیسی و هردو بخش هم جالب است

در چاپ کتاب دقت فراوان شده و بسیار خوب و زیبا از کار در آمده است . اشعار توسط یکی از هنرمندان خطاط به خط نستعلیق زیبا نگاشته شده ا ست . مقدمه ها به شیوه خط شکسته و هنرمندانه و دلکش نوشته شده ولی با تاسف بسیار ، بسیار کسان که از خواندن آن عاجزند . این مطلب را از آنجا می گویم که وقتی خواستم برخی از هم میهنان پارسی زبان که خواندن و نوشتن را به نیکی می دانندد آنها را بخوانند عاجز ماندند .

برای هر شعر ، نقاشی مناسبی منظور شده است که در درک مضمون شعر کمک می نماید این نقاشی ها توسط نقاشان ایرانی و آمریکایی انجام شده و هنرمندانه است

اشعار در قالب های گوناگون است : مثنوی – قصیده – غزل – رباعی - تضمین – ترجیع بند مسمط و اشعاری هم در قالب شعر آزاد (شعر نو) .

شعر پارسی از جهتی دارای دو وجه یا دو رویه است : لفظ و معنا .

در مورد لفظ ، شاعر باید از واژه های زیبا و متاسب سود جوید تا بیشتر شعرش به دل نشیند. بعلاوه نکاتی را از لحاظ دستوری مراعات نماید . برخی هم در این راه از صنایع شعری سود می جویند

اما در مورد معنا و مضمون ، توجه به مطلبی است که شاعر عرضه می دارد

شاعرانی هستند که بیشتر به لفظ و شکل ظاهر شعر توجه داشته اند و سرایندگانی هم بیشتر به مضمون روی آورده اند . کدامیک از این دو مقوله مهمتر است ؟ مطلبی است که جای

بحث آن اینجا نیست . نادرند شاعرانی مانند حافظ بزرگ عزیز که در شعرش ، هردو جنبه را میتوانی یافت

پروفسور فتحی در اشعارش بیشتر به مطلب و مضمون توجه دارد و خیلی خود را مقید به شکل ظاهر و صنایع شعری نکرده است . و چنین است که سروده هایش از تعقید و تصنع به دور است . برای همگان قابل درک و فهم است

اشعارش بیشتر جنبه **اجتماعی** و مردمی دارد . هرجا و هروقت احساسش درگیر شده دست به قلم برده و مکنونات باطن را به شکل شعری بر برگ کاغذ نمایان ساخته است.

و این کاری است که از اوان نوجوانی به آن دست یازیده است . در دفتر آرزوا شعاری از او که در سنین 14 و 16 و 18 سالگی نوشته شده به چشم می خورد

چند قطعه هم از اشعار غنایی دیده میشود که به نوبه خود جالب هستند

به عنوان نمونه چند قطعه از دفتر آرزو را می خوانیم :

ای خدای عشق !

ای خدای عشق ! کمتر مست و رسوا کن مرا
در حریم عاشقی ، اینگونه ، شیـــدا کن مرا
دیدگان ، آکنــــــده از آثار زیبـــا کن مرا
عاشقم کن ، لخت و عورم کن ، چو حوا کن مرا

ای خـدای عشق ! از درگاه تو دورم چرا ؟
از بهشت آواره ، از دیـدار معذورم چرا ؟
در نمــاز و روزه و حج تو مجبورم چرا ؟
زنده ام ، اما تو گویی زنده در گورم چرا ؟

ای خدا ! امروز ، نوروز دل افروز من است
با دعایت ، سـال نو ، یک سال پیروز من است
سینه ام آکنــــده از اندوه دیــروز من است
پس مبارک کن به ما ، امروز نوروز من است

ای خدای عشق ! دل ها را ز قهرت پاک کن
دیدگان بینا ، زمهرت سینــه ها را چاک کن
حقد و ظلم و کینه و درد و ستــم را خاک کن
در کمک های بشر ، دست مرا بی باک کن

دره بزرگ (گراند کانیون)

دره بزرگ یا گراند کانیون ،ژرف دره ای است واقع در ایالت آریزونا که ژرف ترین دره در آمریکا و بسیار دیدنی است طول آن 446 کیلومتر و عرض آن تا 29 کیلومتر می رسد . عمق آن 1800 متر است . این دره روزگاری محل اقامت سرخ پوستان بومی آمریکا بوده است و اکنون از گردشگاه های مهم آمریکا بشمار می رود

پروفسور فتحی پس از دیدار از این دره بزرگ که به اتفاق برادر بوده شعری جالب نوشته است که می خوانیم :

آن دره بزرگ چه ژرف و عمیق بود
حجاری خدا ، به خدا ، بس دقیق بود
دیدم نشانی از ازل و از ابد در آن
تنها تمیز حق ، به گواه این طریق بود

رفتن به باغ و جنگل و دیدار مه خوش است
سیمای نیک و دست و دل بی گنه خوش است
هرگز بدون دوست به باغی نرفته ام
همره شدن به جمع رفیقان ره خوش است

من باغ را به خاطر پروانه عاشقم
وز دامگاه عشق ، پی دانه عاشقم
در باغ ها نشانی پروانه بر گل است
این است من به عاقل و دیوانه عاشقم

من بارها جفای گل و خار دیده ام
وز کوه و دره ، سختی بسیار دیده ام
لیکن صفای جنگل مرموز کردگار
گویی به موی و دیده دلدار دیده ام

تنها صلای حق نتوان دید یا شنید
تنها متاع حق نتوان یافت یا خرید
با خُلق نیک و خوی خوش و قلب بی ریا
انوار تابناک خدا می شود پدید

قلبم برای دیدن گل ها در آذر است
چشمم به روی نرگس شهلا مصور است
دیدار آن برادر جانی چه خوب بود
آن همدمی که با من و عنوانش اکبر است *

در پهنه های دشت و در این دره عجیب
عکس نگار دیدم و رخسار دلفریب
دارم امید آنکه بدان دره بازهم
باهمدم صمیم ، سفر گرددم نصیب

....

* اکبر نام برادر شاعر است

کفاره !!

بدبختی بزرگ ، از انسان گسستن است
بیمـــار ، کنج خانه شیطان نشستن است
این خطه ، خاک کیست که خندم در آن دمی
بهتر از آن به گوشه زندان نشستن است
جایی که لحن من نشناسند ، خانه نیست
یا در مثل ، برابر حیوان نشستن است
بگذار خاک من به من ای مرد نابکار !
دیگر تورا چه کار به کیوان نشستن است
از فتنه تو ، جمله به ما طعنه می زنند
بیگانگان ، کنایه به ویران نشستن است
بیمار غربتیم و از این درد بی علاج
بیمار را امید به درمان نشستن است
این گل ، نه بوی رازقی و یاس می دهد
وآن خار و خس نه لایق گلدان نشستن است
آن دست و پای خسته و قلب حزین کنون
آماده گریز و به حرمان نشستن است
« کفاره شراب خوری های بی جساب
هشیار در میانه مستان نشسن است » *

÷÷÷÷÷÷÷÷÷÷÷÷÷÷÷÷÷÷÷÷÷÷÷÷÷÷÷÷÷÷÷÷÷÷÷÷

بنی آدم

کسانیکه با دانش و زیورند — مزیّن باین پربها گوهرند

مسلّم بدین نکته واقفند — بنی آدم اعضای یکدیگرند

که در آفرینش ز یک گوهرند

چو گردون کند تیره بر مرد کار — و یا کار مردان شود سخت زار

یقین است جز این نباید شمار — چو عضوی بدرد آورد روزگار

دگر عضوها را نماند قرار

مرا دیدن ناخوشیها دمی — کند سخت بیمار در عالمی

توان گفت با سخن زیر و بمی — تو کز محنت دیگران بیغمی

نشاید که نامت نهند آدمی

هذیان عاشق

دوش تب آمد بجانم ناگهان
بُرد آرامم چه سخت و گرم بود
لحظه‌ئی راحت نبودم آن زمان
گرچه در بستر کنارم نرم بود

چشم سُرخ و نبض تُند و گرم و پُر
اندرون از تب نهال لاله بُود
درد پُرآشوب بر اندام من
کار من هر لحظه هر دم ناله بود

گرچه بیهوش از همه عالم بُدم
لیک چشم جان من بیدار بود
چون طبیب آمد بمن یک نسخه داد
کار با آن نسخه بس دشوار بود

روز بعد آمد که دستورم دهد
گفت از آن قطره خوردی جان من
گفتم آمد بهوشم دیروز صبح
قطره ئی از اشک چشمش داد من

گفت آیا قرص ها را خورده ای

گفتم از چشمان مست او دو قرص

گفت از آن بسته گرد سپید

گفتم از آن حلقه مویش بپرس

گفت آن سوزن چسان تزریق شد

گفتم از آن ناوک خون ریزاد

گفت هیچت سوخت سوزن دیده

گفتم از سوزان نگاه تیز او

گفت آن کپول شکی و سفید
هر یکی را وقت خوابت خورده‌ای
گفتم از آن چشم شکی و سفید
غیر کپولی به حلقم بُرده‌ای

گُفت از جوشانده دیشب که من
دادم از عنّاب و بید و شیرخشت
گفتم از عنّاب لب شیرنگار
کردم اندر باغ قلبم زرع و کشت

گفت از شربت گرفتی بهره‌ئی

گفتم از شیرین لب چون شکرش

گفت از تفریح امروزت بگو

گفتم از ساق و بلورین پیکرش

گفت مالیدی بگردن روغنت

گفتم آری روغن از اندام یار

گفت دکتر مادرم را، زور تب

کرده فرزند تو مجنون از قرار

امشب این دستور را انجام ده
پای او پاشویه کن هنگام خواب
باش آگاه اینکه پرهیز است او
از پیاز و فلفل و جام شراب

مادرم آمد ببالین تا کُند
پای من پاشویه با آب نمک
غلط خوردم ناله کردم بعد از آن
چشم بگشودم بر رویش کم کمک

گفت مادر بسکه هذیان گفته ئی
دکترت آب و نمک دستور کرد
از غذاهائی ترا ممنوع داشت
بر غذاهائی دگر مجبور کرد

گفت مادر، پای خود آماده کن
تا کنم پاشویه پاهای تو، هی
گفتم از آب نمک تأثیر نیست
بعد از این پاشویه کن پایم بِ...

در همین اثنا، گُلَم، بار دگر
آمد از حالم عیادت کرد و گفت

این گُل مینا و ناز و سوسنت
دیشب از حال تو چشمانم نخفت

گفتم ای مادر بیا نخی کنار
آنچه دکتر سخط ای پیشم شمرد

جُمله نزد این گُل ناز من است
نسخهٔ دوش مرا این شوخ بُرد

امشب ار یارم کنارم سر کند
صبح میگوید تب بستن را جواب
سوزن و کپسول و قرص و قطره را
آنچه دکتر داده بسپارم به آب

گر تو خواهی راه بهبودی روم
نسخهٔ حالم ازین مهوش ستان
مادرم گفتا که دا ضعفت بگو
گفتم او را گوی پیش من بمان

نهرین
۳۱/۶/۱۹

سوگند

بگو باد که بریده است آب و دانه من

بگیر دانه و بگذار آشیانه من

بریده راه سفر را به خانه ام یکجا

گرفته عمر مرا اندر آشیانه من

کنار ساحل و بر آب دست من نرسد

چو موج سخت زند حمله بر کرانه من

نداند آن که همه عمر ناله ها کردم

کسی نداده به او نامه شبانه من

نه قاصدی که برد در برش پیامم را

نه مطربی که بخواند براو ترانه من!

چو تیر دست تو افتاد بر زمین منکن

هدف مساز بود آخر آشیانه من

بگو که گل نفرستد کسی به بیماری

که چشم بسته ز خوب و بد زمانه من!

وداع می‌کنم با تو ای زمین عزیز

که شسته‌ای همه شب اشک شاعرانه من

بخاک پاک وطن تا ابد زنم سوگند

که اوست عشق من و ناز جاودانه من

طعنهٔ بیگانگان

به بال پروانه ای نامه نوشتم به یار
لیک شرار سخن بال ز پروانه سوخت

در بُن ویرانه ای لانه و کاشانه ای
قصّه بگفتم به شمع، شمع ز پروانه سوخت

برگ گلی یافتم روی حبابی در آب
نامه نوشتم به گل، گل پر جانانه سوخت

در جلوی آینه صورت خود یافتم
راز با دگفتم و صورتم از چانه سوخت

جرعه زدم بی سبب بر لب جامی شراب

جام شراب او فتاد جرعه و پیمانه سوخت

راز وطن را نشد گفت به هر ناکسی

سوخت وطن از چه سوخت وز سر و از شانه سوخت

بلبل دیوانه ای گرد گلی یافتم

نامه سپردم باو بلبل دیوانه سوخت

نامه بباد صبا دادم و گفتم که باد

میبرد این پیک را باد ز افسانه سوخت

بلبل و گل شمع و باد جمله شنیدند راز

راز دل جا نگد از جمله بکاشانه سوخت

سوز و گداز دلم محرم رازی نیافت
تا که بیارم گله کین خانه سوخت

کار خداوندگار شعبده بازی نبود
شعبده بازان ترا سوخت چه مستانه سوخت

نامه ز دستم نگیر دوست نسوزد مرا
آنچه مرا سوخت آن طعنهٔ بیگانه سوخت

مارس ۱۹۷۰

تضمین قطعه مشهور پروین اعتصامی

دوش در ره میزدم گامی و بودم در شگفت   محتسب مستی به ره دید و گریبانش گرفت
مست گفت ای دوست این پیراهنست افسار نیست   پاره و ریشست و بیش از این دریدن کار نیست

باز بگذارش بمن این پاره پیکر مرا

مست گفتا محتسب رهرو چو لنگان میروی   گفت مستی زین سبب افتان و خیزان میروی
گفت جرم راه رفتن نیست ره هموار نیست   راه مردان ستمگر رهروی احرار نیست

جز کلوخ و سنگ در ره نیست در کشور مرا

گفت کمتر گو سخن دیگر من از چاه و راه   گفت آگه نیستی کز سر در افتادت کلاه
گفت در سر عقل باید بیکلاهی عار نیست   بیکلاه منعم ار هستم دیگر خوار نیست

محتسب دیگر مزن بر روح جان آذر مرا

درهمی بگذار تا لختی شود پاکت سرم — گفت می‌باید ترا تا خانهٔ قاضی برم

گفت رو صبح آی قاضی نیمه‌شب بیدار نیست — ور که بیدار است در فکر تو و خمار نیست

قاضی این سرزمین کی بنگرد مضطر مرا

محتسب بگذارم اندر مستی و در پیچ و تاب — گفت تا داروغه را گوییم در مسجد بخواب

گفت مسجد خوابگاه مردم بدکار نیست — خانهٔ حق تختخواب هیکل اشرار نیست

پاسبان بیهوده بر آتش فزون اخگر مرا

قاضی و داروغه هم خوابند کوته کن بیان — گفت دیناری بده پنهان و خود را وارهان

گفت کار شرع کار درهم و دینار نیست — حکم و قانون خدا احکام پنج و چار نیست

کی کند پاکیزه با دینار در محشر مرا

گفت باید تا بهم تا خانه قاضی رویم
خانه نزدیک است باید تا که ما آنجا رویم

گفت قاضی از کجا در خانه خمار نیست
دلبری در دست و جامی پر زمی در کار نیست

می بگفت گر قاضی کی دهد داور مرا

کمتر از قانون بگو بگذار بند و بست را
گفت باید حد زند هشیار مردم مست را

گفت هشیاری بیار اینجا کسی هشیار نیست
شهر هشیاران بگردی آزان بیدار نیست

داور دادار میخواهد چنین کافر مرا

تهران
۳۲/۳/۲۴

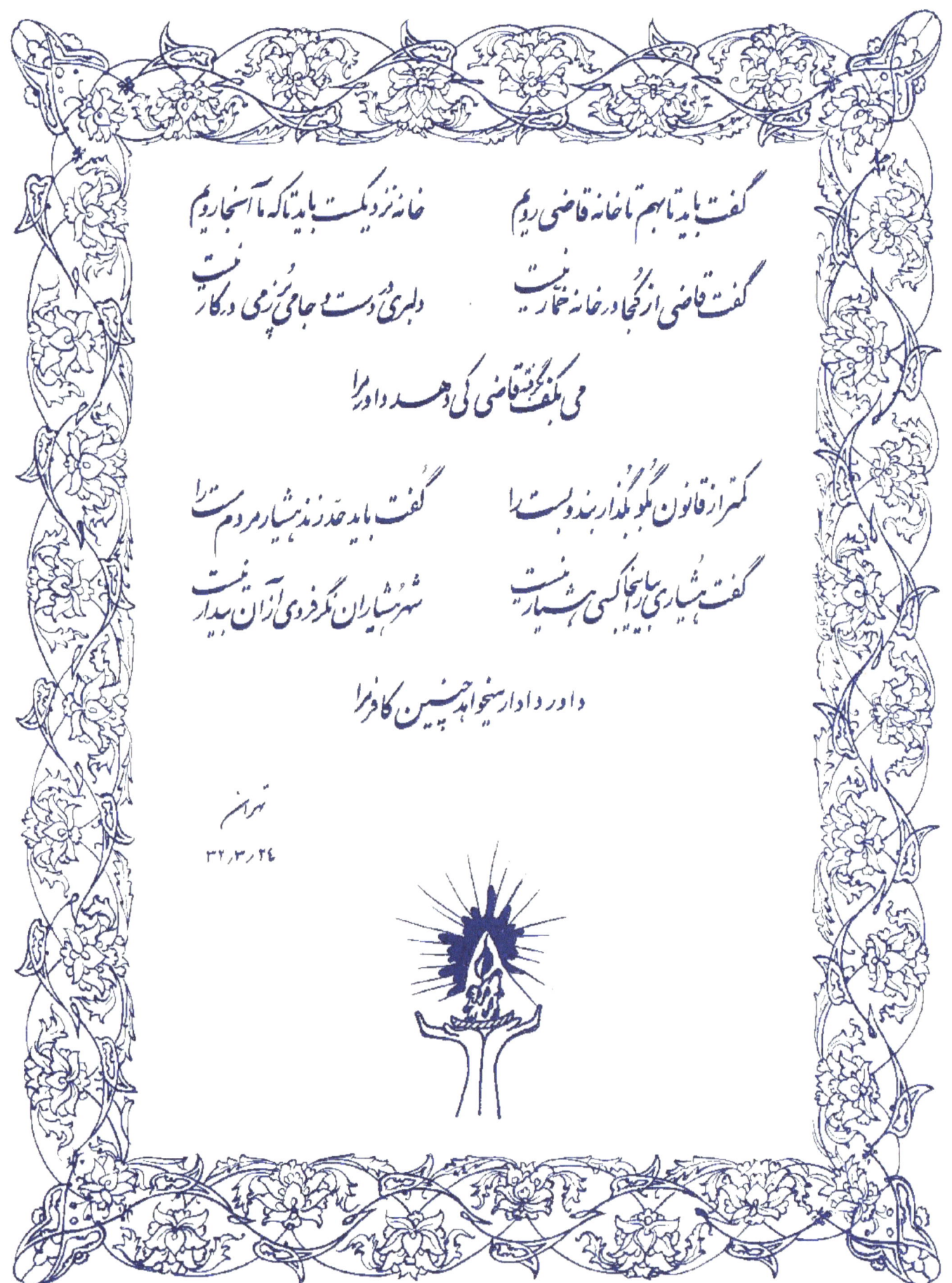

پیام آرمان

دفتر دوم اشعار پروفسور فتحی

پیام آرمان

دفتر دوم از دیوان اشعار پروفسور فتحی

این کتا ب هم مانند کتاب نخستین « دفتر آرزو »با چاپ و کاغذ ممتاز تدوین شده است آرمان نام نخستین فرزند شاعر است که دیوان با نام او به میدان آمده است . اشعار با خط یکی از خوشنویسان ایرانی نگاشته شده و هر شعر در مقابل تصویری که نقاشان ایرانی و آمریکایی ترسیم کرده اند گذاشته شده و برزیبایی کتاب افزوده است

کتاب دارای دوبخش : پارسی و انگلیسی است

اشعار انگلیسی در واقع برگردان همان اشعار پارسی به انگلیسی است که توسط خود شاعر به خوبی و زیبایی انجام شده است .

کتاب حاوی 104 قطعه شعر در قالب های گوناگون شعر پارسی و 50 رباعی است

در اشعار این دفتر هم مانند اشعار دفتر نخستین ، شاعر بیشتر در اندیشه مضمون و معنا و کمتر به فکر لفظ و زینت ها و صنایع شعری است

در مقایسه اشعار این دفتر با دفتر نخستین دو نکته به یاد می آید :

1) مضمون اشعار دفتر اول بیشترپیرامون مسایل ساده اجتماعی و مردمی است در حالی که در اشعار دفتر دوم ، شاعر بیشتربه مسایل فلسفی ، عرفانی و معنوی پرداخته است

2) از نظر لفظ ، شکل ظاهرو زینت اشعار و توجه به قواعد عروضی در دفتر دوم پیشرفت بسیاری پدید آمده است که البته دور از انتظار هم نبوده است . چرا که بیشتر اشعار دفتر نخست در آغاز کار شاعری و در سنین نوجوانی و جوانی نوشته و پرداخته شده در حالی که اشعار دفتر دوم متعلق به سنین بعدی است

باید به خاطر داشته باشیم پروفسور فتحی ، دارای درجه دکترا در پزشکی و پروفسور جراحی مغز و اعصاب است . او به داشکده ادبیات نرفته و دکتر در رشته ادبی نیست و کار وقت گیر جراحی اعصاب و مشاغل و مسیولیت های سنگینی هم که داشته به او فرصت مداقه و بر رسی در مسایل عروضی نمی داده است . با این همه شگفت آور است که آن هم اشعار جالب پدید آورده است. آقای دکتر محمد زرنگارکه استاد زبان انگلیسی شاعر در دوران دبیرستانی بوده در مقدمه کتاب اشاره بجا و مناسبی کرده است . او می نوبسد :

لازم است قواعد عروضی و قافیه و اصول مندرج در رساله « فن الشعر » ارسطو را یکسر کنار بگذاریم که این ادوات برای شناسایی یوست کلام است و نه مغز ، آنچه شاعر از سوز و شور درون بر صفحه کاغذ می آورد . به قول مولانا :

من ندانم فاعلاتن فاعلات لیک سازم شعر چون نقل و نبات

مطالعه اشعار فراوان پروفسور فتحی این نکته را به خاطر می آورد که او شاعرو هنرمندی خود ساخته است . استعداد شایان توجه و حافظه قوی و پشتکار کم نظیر او این دیوان هار ا پدید آورده است

اورا باید آفرین گفت و تحسین کرد که به موازات درخشش شایان درعالم پزشکی توانسته است درجهان شعر و ادب هـــم قامتی افراخته ازخود نشان دهد .

در صفحات آتی نمونه هایی از اشعار مندرج در « پیام آرمان » را می خوانیم .

تب و تاب

اشاره با مژه کردی حصار دیده شکستم

شبی که روی تو دیدم مهار قلب گسستم

قسم به طره گیسو که مژه داند و اشکم

نه من به خواب غنودم نه آنکه دیده ببستم

کنار گلشن رویت ، لمیـــد گونه پا کم

چو ظلمت شب یلدا ، دو گیسوی تو بد ستم

به خواب ناز نرفتم که تا شراب و می آمد

که من به خاطر رویا همیشه باده پرستم

شب و شراب و سیــاهی گیسوان تو داند

که از ملامت عشقت رسیده جان به لبستم

به غم مبالغه کردی مصاحب تو چه داند

که من نه خوابم و مخمورونی بغمزه چو مستم

پرم شکستی و بالم بریدی و تو از این پس

مرا به بام نبینی دگـــر ، زبام تو جستم

ندانی ای صنما بسکه های هوی نمودم

هنوز هم زنگاهت ، درون تاب و تبستم

می ترسم

چه کنم ؟ از گناه می ترسم	از دو برق نگاه می ترسم
اندر این تنگنای پرخم وپیچ	از سیاهی راه می ترسم
در بیابان گرم بی در و پی	چون ندارم پناه ، می ترسم
جنگ ها دیده ام مکن منعم	کز بسیج و سپاه می ترسم
بعد از آن رعد وبرق جانفرسا	دیگر از مهر و ماه می ترسم
دگر از آه گرم دامان سوز	باز گویم که آه ! می ترسم
لب به لبها نمی توانم داد	اوفتادن به چاه ، می ترسم
مسجد ودیر و منبر و محراب	زآتش خانقاه ، می ترسم
همه در شاهراه شعبده ها	دیگر از شیخ و شاه می ترسم
تا به مقصود مستقیم رسم	از دو راه و سه راه می ترسم

حضور و خفا

به پیشگاه تو گر سجده می کنم به وفا
نبوده جز تو خیالم ، نبوده سجده ریا

صفا و مروه وکوثر ، بهشت و دوزخ تو
نداده ذره ای اندر خمیر بنده ندا

ترا به خاطر خود می پرستم از ته دل
ترا برای تو می خواهم از حضور و خفا

مگر نه خانه من کعبه هست و خانه تو
مگر نه قبله من نیست جز حضور صفا

مگر حدیث ترا کس شنید و کتمان کرد
مگر ندای ترا کس شنید و کرد خطا

مگر رکوع و سجودی که ما بجا آریم
نبوده جز هدف آمدن به سوی خدا ؟

دگر چه شد که سلام مرا جوابی نیست ؟
دگر چه شد که مصیبت رسیده جمله به ما ؟

من آن نماز ریایی دگر ندارم دوست
اگر ترا نشناسم ، نماز و روزه چرا ؟

نیرو

افتاده ام امروز به تشویش و تکاپو

چون طره گیسوت پراکنده به هر سو

پروانه بسوزاند به آتش پرو بالش

دلداده و دیوانه شد از عشق و غزلگو

جمعند رقیبان به کنارت به تماشا

افتاده بپا بسکه هیـــاهو ز سر و مو انظار

رقیبان به سر و چشم تو بی شک همچون

غزل نغز پراز آتش خواجو یاران همه

ساکت همه مات اند و بدانند چشمان تو

کرده است در آن بادیه جادو چون رازی و

سینا سخن از درد نگویم چون حافظ و

سعدی که تویی مرهم و دارو باخواهش و

پوزش به کنارت بنشینم چون نیست مرا

بهتر از آن پیکر و زانو گویند که آن لعل

لبت آب حیات است

وآن خال رخت چون خط وخال زن هندو

من در پی نوشیـــــدن آن شهد لبانت

تا قوت جان ، بر بدنم آیـــــد و نیرو

خط خطا

نوشته اند حدیث مـــرا به خط طلا
که دور باشم از آن ماهروی چهره گشا
حدیث دوری ماراکجــــا توانــد دید
کسی که دور نبوده است از حریم وفا
در آسمان نه عجب ، پشت ابر های ضخیم
چو ماه را نتوان دید ، کرد از آن حاشا
زمانــــه دوری ماه و من وستاره بدید
ترحمی ننمودش به عز و جاه خـــدا
چرا نگفت خــــدا با من سراپا مهر
که آن ستاره زیبا ، نشسته کنج خفا
ز دوری من و او کهکشان برفص آیند
که عشوه دل و جان را دهدبه دام بلا
صدای هاتف غیبی به گوش من می گفت
خداست منشاء دوری میـــان ما و شما
چه کرده ام که گرفتار این بلا شده ام ؟
چه گفته ام که به داور رسیده خط خطا ؟

دوری

ما را خیال رفتن از کوی او نبود
قصد فرار طره گیسوی او نبود

جز روی او نبود تسلی قلب ما
لیکن در آینه رخ جادوی او نبود

برگ گلی که دست من بی نوا رسید
عطرش ، خدا گواست ، کم از بوی او نبود

چشمم چنان گریست که شد سرخ گونه ام
چشمان خسته ام کم از آهوی او نبود

تنها نبود دست من اندر کنار او
دستی نبود و پای که بر سوی او نبود

جانا به کوی دوست حضورم خطا نبود
زیرا که جز رقیب سر کوی او نبود

هر شب که قصه ای ز رفیقان شنیده شد
جز قصه سیاهی ابروی او نبود

رفتیم و در خیال رخش سالها گذشت
اندر خیال و خواب بجز موی او نبود

الماس

بر درختی آتشی افتاد میلیون سال پیش   شاخ و برگش سوخت تا افتاد با حالی پریش
در زمین افتاد و هیزم شد ذغالی سخت شد   در درونش جسم شفافی نگین تخت شد
قطعه شفاف زاری کرد و گفتا کیستم   در چنین زندان تاریکی نشستم چیستم
در چنین زندان تاریکی نیابد کس مرا   در ذغال و سنگ پنهان کردنم ابلیس مرا
نور من باید درون سینهٔ جانان رود   زیب تاج و دستبند دختر شاهان شود
تا ذغال این شکوه از قلب خود بشنید گفت   هیچ دانی کیستی الماسی ای جسم شگفت
سالها باید که تا جسمی شود الماس شاه   گر به قلب آتش و سنگی برد عمری پناه
سالها باید که تا نوع بشر انسان شود   از پلیدی بگذرد، پروانه الماسان شود

«عنکبوت»

آویخته به شاخه و برگِ چنارها / یک عنکبوت در بُنِ تار و غبارها

اندر کمین نشسته که موری زند بدام / آید مگر ز شاخه به عُمق مزارها

مور و مگس فتاده به تارش به پای و سر / چون خائنان طناب بگردن ز دارها

در گوشه و کنار رسن‌های عنکبوت / دیدم طعام مُرده پس از انتظارها

یک باد تند آمد و چون آرزوی خام / افکند طعمه‌اش به سرِ رهگذارها

بیچاره عنکبوت فرو مانده در تعب / وز تار خویش بر سر او گوشوارها

چون عنکبوت دام میفکن برای دوست / ترسم خزان کنی همه فصل بهارها

بهار

بهار آمد سه تار آمد گل کوکب ببار آمد
نسیم مشکبار آمد صفای بی شمار آمد

شقایق خنده رو آمد بنفشه مشکبو آمد
گل یاس و گلایل با وقار و کامکار آمد

نسیم گل کنار چشمه و رود و می مینا
به طرف گلستان بااعتبار و خوشگوار آمد

کنار یاسمن از لاله و سنبل زمین شادان
پرنده نغمه گوی و بلبل بی انتظار آمد

خزان رفت و جوانی آمد و فصل لطافت شد
کنار لاله و گوهر ز نرگس گوشوار آمد

چمن سبز و معطّر شد زمین و آسمان تر شد
همای ژاله بیجان شد صدای آبشار آمد

ز ابر پاره پاره می چکد افسانه شادی
میان رعد و برق و تندری از روزگار آمد

فلک یکباره افسون کرد و برف کوه ویران شد
صبا از فیض باران گلستان اسازگار آمد

نوای راغ را بشنو صفای باغ را بنگر | وصال بلبل و گل بین که با نقش و نگار آمد

زمستان رفت و یکبار دگر بوی بهار آمد | سبو بشکست و آب خوشگوار از هر کنار آمد

بهار است و سپیداری و سروی در کنار من | بتی، چنگی، نگاری، نغمه‌ای جانم بهار آمد

بشر

نه پناه بی‌پناهان نه امید و آرزوئی   نه برای تشنه آبی نه به شانه‌ات سبوئی

نه فصاحت کلامی نه چو ناله‌ی تمامی   نه به مهر پای‌بندی نه ز عشق گفتگوئی

هوسی تو آرزوئی قفسی تو مرغ گیری   نه ترحمی به دردی نه تبسمی به روئی

نه نماز بامدادان نه صحیفه‌ی خدایان   نه چو شام بینوایان نه چو شاه کامجوئی

چو سیاهی گناهی به ملامت آشنائی   نکنی تو مهر هرگز ز وفا نه جستجوئی

ستم و ستیزه دانی رقم وفا نخوانی   ز شراب خون ننوشی که چو تر کنند گلوئی

تو که با بشر ستیزی ز در عشق می‌گریزی   بخدا قسم که دیگر نرسی به هیچ کوئی

تو که آن بهشت دادی به زمین قدم نهادی   دگر از خدا چه خواهی که ترا برد به سوئی

دماوند

دلم میخواست از این مملکت پرواز می کردم ... بسوی قله البرز من پرباز می کردم

دماوند و صفای آب گرم و آب سردش را ... بجای آنچه اینجا هست باز آغاز می کردم

دلم میخواست یارم از سفر می آمد و منهم ... برای دیدنش هر لحظه‌ای در باز می کردم

دوباره شهد آن گلهای زیبا می چیدم من ... دوباره در گلستان چون خدا اعجاز می کردم

صدای باغبان را می شنیدم با نوای گرم آهنگش ... دلم را همدم تار و نی و آواز می کردم

چو یارم بود در بر گفتمی من قصه‌ها ای کاش ... سخن زان سالهای سخت بی دمساز می کردم

اگر روزی رفیقی گفت خوشحالم که آنجایی ... دلم میخواست با او راز دل ابراز می کردم

دلم میخواست آن روزی که جانم را اسیر کردم ... بدن را هم هدف بر تیر یک سرباز می کردم

دلم میخواست چون کوه دماوندم شوم اعلا ... مقام شامخ اعلای او احراز می کردم

دوست

دوست مشمار آنکه در محفل ز ما بیگانه باشد — دوست آن باشد که با یاران خود دیوانه باشد

راست گوید خوش برقصد با نوای دوستانش — رقص او رقص گل و آوازِ او مستانه باشد

دوست آن باشد که گیرد دستِ یاران با محبت — در شب تاریک جامِ نورِ هر کاشانه باشد

دوست دارم دوستم هرگز نگرید بر ملالم — با منِ دل مرده خندد همرهِ میخانه باشد

دوست گر با ما نشیند ناله مستانه داند — دوست گر گوید سخن قولش همه مردانه باشد

قصهٔ شمعی که در مجلس بسوزد تا سحرگه — قصهٔ جانبازی و سوزِ پرِ پروانه باشد

یادگارِ زهره و مهتاب و پروین و ثریا — نقشِ مرغِ خوشخوان گنبدِ ویرانه باشد

سر فکنده مو پریشان دل غمین رخسار خسته — بر سرِ موی منِ بیچاره روزی شانه باشد

قدرِ حرمت را بداند قصهٔ عاشق بخواند — آنچه دانم دوست باید چون بت و بتخانه باشد

عشق

دوش دیوانه دلم سوی تو پر زد ای عشق — در رهِ دوست چه خاکی که بسر زد ای عشق

همه عمر بخاک در محبوب نشست — به تمنای وصال تو کمر زد ای عشق

اخگری بود که بر خرمن جان آتش ریخت — مژه در عمق دلم باز نظر زد ای عشق

قلب در سینه من همچو دم آه سحر — با طپش های وفا درب تو در زد ای عشق

بدل زار من خسته نگاه تو چه کرد — با همه مهر چرا مژه نشتر زد ای عشق

من ندانم که بسر منزل محبوب چه دید — چه خطائی که ندانم ز تو سر زد ای عشق

به چه رو پای من و چشم من و اید من — در ره خانه او راه دگر زد ای عشق

«کاش دائم دل ما از تو بلرزد ای عشق — آن دلی کز تو نلرزد بچه ارزد ای عشق»

«فرزند»

«گویند مرا چو زاد مادر» آن مادر پربها چو گوهر
در دامن خویش داد پرور با ناز مرا گرفته در بر
«پستان بدهن گرفتن آموخت»

«شبها بر گاهواره من» با ایده سخت تر ز آهن
بنشسته بپای خویش آن زن چشمان به من و به بستر من
«بیدار نشست و خفتن آموخت»

«یک حرف و دو حرف بر زبانم» تا بشنود آن سخن روانم
گنجینه شود به عقل و جانم تا جمله شود دستِ زبانم
«الفاظ نهاد و گفتن آموخت»

«دستم بگرفت و پابپا برد» — از خانه به باغ و کوچه‌ها برد

نرمک نرمک بگام‌ها برد — هرگز که قدم ره خطا برد

«تا شیوه راه رفتن آموخت»

«پس هستی من ز هستی اوست» — مستم اگر آن شراب از اوست

حقّا که سعادت و صفا اوست — سوگند که تا بود مرا پوست

«تا هستم و هست دارمش دوست»

گمشدهٔ ایّام

تعبیر کنید ای فضلا این سخنانم   تفسیر کنید آنچه که آید به زبانم

شعر من بی علم چو حافظ نتوان بود   بیهوده من نیست چو شهد پدرانم

چون سعدی شیراز سخن ساز نکردم   چون مولوی آزاد نگشتم زردانم

خیام صفت راه سماوات نرفتم   از دوزخ و رضوان و سماوات ندانم

با زاهد و مفتی سخن از زهد نگفتم   با شعبده بنیاد نکردم طیرانم

خواندم ورقی چند من از دفتر خلاق   دانسته ندانسته فنا شد سر و جانم

چندی قدم اندر ره میخانه نهادم   امروز از آن مهلکه من جامه درانم

خواهم که غزل های ظریفی بسرایم   ترسم که در این تربت بدنام بمانم

تعبیر سخنهای من ساده تراز دهر   این است که دانم که ندانم که ندانم

«مناجات»

خدایا بنده‌ای هستم گنهکار — ضعیف و بی‌کس و بی‌یاور و زار

صدای قلب مَن نام تو گوید — به ذکر نام تو راه تو پوید

گنهکاری که از پای اوفتاده — به سُجده سر به سجّاده نهاده

به آه دردمند دل شکسته — که دَرب هر شفا بر اوست بسته

بآن مرغان پرشکسته دربند — به بیماران معلول پرآزند

باشک مادران داغدیده — که فرزندی ز دست او رمیده

ترا سوگند بر گلهای بُستان — که پَرپَر گشته در فصل زمستان

ترا سوگند جانم را ببخشای — محبّت را به قلب من بیفزای

که منهم عاشق مهر و وفایم — که روز و شب بدنبال خدایم

شب یلدا

شکر لله که در میکده باز است هنوز — شب یلدا و مرا قصه دراز است هنوز

ساقی مست بکف شکّرِ می دارد و جام — به تمنای دِرَم بر سرِ ناز است هنوز

شب گذشته است و خمورند همه مدّعیان — مُطرب از مستی می پرده نواز است هنوز

نتوان لذّت تار و دَف و سنتور گرفت — مژه چون زخمه بجان نغمه ساز است هنوز

خسته زانوی من و پای من اندر رهِ دوست — که به سر منزل او شیب و فراز است هنوز

نتوان باز گشودن غمِ دل را بزبان — مغز افسرده من خانه راز است هنوز

بکسی راز دلم را نتوان گفت ولی — قفس دل قفس سوز و گداز است هنوز

گریه و دیده ز هم خسته و نالان به سکوت — اشک با دیده چو در راز و نیاز است هنوز

زهد و تقوی همه دانند و خدا داند و بس — زاهد از رشک به محراب نماز است هنوز

همه گویند که تسبیح خداوند بجاست — که هم او خالی از اندیشه آز است هنوز

گنجینه رامین

گنجینه رامین

دفتر سوم از دیوان اشعار پروفسور فتحی

این کتاب مانند دوکتاب پیشین با کاغذ خوب و چاپ ممتاز تدوین و عرضه شده است و مانند آن دو دارای دوبخش پارسی و انگلیسی است . بخش انگلیسی درواقع برگردان همان اشعار پارسی به انگلیسی است که توسط خود شاعر انجام شده است
جلد این کتاب به رنگ سبز است . در انتخاب رنگ سبز برای جلد ، شاعر منظوری داشته است بدین معنا که رنگ سه دفتر اشعار ، پرچم ایران را به یاد می آورد و این گویای علاقه شاعر به میهن خویش است . در حالی که پروفسور فتحی در عالم پزشکی کشور آمریکا بالا ترین مقام را به دست آورده است برخلاف برخی تازه به دوران رسیده ها ، میهن خویش را از یاد نبرده بلکه همواره به آن افتخار کرده است . واین فضیلتی بزرگ و ممتاز است اشعار این کتاب هم مانند دوکتاب پیشین به خط زیبای نستعلیق نگاشته شده که چشمگیر است

آنچنانکه در پیشگفتار دو کتاب قبلی اشاره شد ، شاعر کمتر به لفظ و شکل ظاهر اشعار توجه داشته بلکه به دنبال طرح مسایل گوناگون اجتماعی ؛ آیینی ، معنوی و سیاسی بوده است و همچون صیادی تیزبین به صید دقایق ، لحظات و آنات پرداخته و از این بابت نیز موفق بوده است . چنین است که میتوان به راحتی از لفظ به معنی پرداخت و برخی سبکی های لقظی و ظاهری را در برابرسنگینی مطلب و معنا به دست فراموشی سپرد

تفاوتی که اشعار این کتاب با کتابهای پیشین دارد در مطلب کتاب هاست . اشعار جلد نخستین پیرامون مسایل ساده اجتماعی است که شاعر در عنفوان جوانی با آنها برخورد داشته است در کتاب دوم بیشتر مسایل اخلاقی ؛ اددبی و سیاسی مطرح شده اما در کتاب سوم بیشتر اشعار پیرامون مسایل مذهبی ، آیینی و اخلاقی دور میزند

تعداد کثیر اشعارنوشته شده توسط پروفسور فتحی ، نشان دهنده طبع روان و ذوق سلیم شاعر است که هرکس واجد آن نیست

باید به خاطر داشت که پروفسور فتحی پزشک و جراح متخصص مغز و اعصاب است و اشتغال در حرفه او مستلزم صرف وقت بسیار و اندیشیدن فراوان و قبول مسیولیت زیاد است .

با این همه ، نوشتن آن تعداد کثیر اشعار ، آن هم در قالب های گوناگون و بحور متفاوت و موضوعات مختلف شگفت آور است و جای ستایش و تحسین دارد و اگر گاهی در ظاهر نقصانی دیده میشود باید به مضمون و معنا پرداخت و از لفظ به معنا گذر کردو پوست را در مقابل مغز کم شمرد . مولوی گفته است :

من ندانم فاعلاتن فاعلات — لیک سازم شعر چون نقل و نبات

رامین نام فرزند سوم پروفسور فتحی است . در کار فیلم برداری و مانند پدر موفق است بنا بر این دیده میشود شاعر سه جلد کتاب اشعار خود را با نام فرزندان عرضه کرده است

چند شعر از کتاب گنجینه رامین را می خوانیم :

حجره

گر ناله مـــارا تو ندانی ، که بداند ؟	ور دانی و تدبیر ندانی ، که بداند ؟
درماندگیم را همــــه دانند و ندانند	تو با من درمانده نمانی ، که بماند ؟
از درد و غم و ناله و فریاد به افلاک	پیغام مرا گرنرسانی ، که رساند ؟
یک عمر به دامان تو بس لابه نمودم	گر لابه یک عمر نخوانی که بخواند ؟
من مهر به درگاه تو کردم که بدانی	تا مهر به قلبت ننشانی که نشاند ؟
گفتم به تو از روز ازل جان به سر آرم	تا جان عزیزم نستانی ، که ستاند ؟
بر شـــــانه تو دست رقیبان مزور	تا دست رقیبان تو نرانی ، که براند؟
جان من دلخسته بیمــــار اسفناک	از جور زمان گر نرهانی ، که رهاند؟
بر آتش سوزان دلم یک نظر ای دوست	گر آب بر آتش نفشانی ، که فشاند ؟

ویرانه من ، خانه دلسوختـگان است
گر در دل این حجره نمانی ، که بماند؟

یاران گوناگون

درون سینه ام با بی زبانی ز خود کردم سوالی ناگهانی
چه شد رسم وفا و مهربانی بگفتا اندر این دنیای فانی

» دلا یاران سه قسمند ار بدانی «

بدل گفتم که مارا همزبانی که در راه رفاقت همبیانی
چه قسمند این رفیقان هیچ دانی به من گفتا به رسم میزبانی

» زبانی اند و نانی اند و جانی «

اگر می خواهد او نان بر دهانش رفیق ار نیست با ما جسم و جانش
چرا گیرم از او تاب و توانش چه باید کرد با روح و روانش

» به نانی نان بده از در برانش «

ندانم من تعارف ، نیک دانی که گل را می نمایم سایبانی
نبردم ره به احوال روانی کجا شد بر تو آن عشق نهانی

» نوازش کن به یاران زبانی «

بگفتا لحظه ای بگذر از این کار تو از آزار مردم دست بر دار
نمی بینی که می سوزد از این نار نسازی با رفیق مردم آزار

» ولیکن یار جانی را بست آر «

به حکم مهربانی جانفشانی به حکم دوستی بر عشق فانی
به حکم آیه های آسمانی اگر یابی تو یکدم یار جانی

» به جانش جان بده تا میتوانی «

عمل قلب

مگر آوای قلبت را شنیـــــدی ؟
که یک شب در تپش هایش سخن گفت
تو را دیوانه کرد و بی سبب کشت
چو یک شب با تو از درد و محن گفت

شبی بـــود و بخواب ناز رفتی
که فـــردا باز در کارت شتـــابی
سحرگاهان ز خواب ناز جستی
پریشان خاطـــــر و با اضطرابی

از اول فکرت آمد درد ساده است
و یا دردت زقلب پربهـــا نیست
چه فکر ساده ای در خاطرت بود
ندانستی کز آن راه رهـــا نیست

چو آمد بامداد و مه نهـــان شد
طبیبت گفت قلبت گشته بیمـــــار
تورا باید به جراحی سپـــارند
که پیوندی زنـــــد بر قلب پرکار

سخن های طبیبت را شنیـــدی
ولی وحشت زمرگ و زندگی بود
هزاران قصـــــه ناگفتی را
به خود گفتی که از شرمندگی بود

اعرابیان

بد تر از اعرابیان کس نیست اندر این جهان / بی صفا و بی وفا و موذی و بی خانمان

نام مردی روی این ملت نمی باید گذاشت / چون همه خود خواه و بی رحم و به ظاهر خوش بیان !

از همه مظنون و بیزارند در اصل ای عزیز / جز تکبر نیست آنان را شعاری در نهان

جمله از فرهنگ خود بالند و از اجدادشان / لیک بی فرهنگ می باشند این بد طینتان

اطلاعاتی ندارنداز ادیبی ، شاعری / فخر آنان اینکه می خوانند شعر شاعران

از کرم گویند و از خیریه و فقر و یتیم / لیک دیناری نمی بخشند بر بیچارگان

آخر ای مردم مگر مستید یا خواب گران / مردم دنیا فقیرند و ندارند آشیان

پس کجا انصاف و عدل و مردمی رفت از شما / پس کجا شد صحبت از مردانگی ها در میان

آخر ای مردم بپا خیزید دنیا در هم است / ملک ایران هم به زیر سم اسب بی امان

شاه رفت و مملکت رفت و عبادت تیره شد / مذهب و ملیت و ایمان کف اعرابیان

خاک بر فرق سرت ای بی وطن های دو رو / دیر شد تاخیر شد برخیز ای نامهربان

گر تو هم می بالی از فرهنگ و می داری سپاس

بگذر از لاطاعلات و قــــدر میهن را بــدان

بالا تر از همه

من اورا به دامان ابری نشاندم	که بالاتر از آن ردایی نباشد
در آن عرش اعلا دعایش نمودم	به جایی که غیر از نوایی نباشد
بحق داستان حقیقت بگفتم	که غیر از حقیقت صفایی نباشد
سرش را به روی دو زانو فشردم	که خوابش برد چون ندایی نباشد
دلم را گروگان قلبش نمودم	که غیر از دل دوست جایی نباشد
من آهسته گریم به پای غم دل	که در گوش یارم صدایی نباشد
فقط نام او رونق مجلس من	که بی نام یارم جلایی نباشد

تو برتر ز هر آرزویی عزیزم
که بالاتر از تو خدایی نباشد !

ابر بهار

مثال ابر بهـــاران گریستن داری
تو همچو عنچه گل میل زیستن داری

چنان پیاله می در تلاطــم امواج
به ژرفنـــای دلم قصد ریختن داری

شبیه جام شرابی که در بشارت عشق
به کام تشنه لبان ، ره گریختن داری

تو قطره قطره اشگی که در طراوت گل
بر آن نسیم بهاران فریفتن داری

بریز بر سر من همچو قطره باران
ز اشگ دیده شرابی که در بدن داری

خدای ، روز سپید رقیب سازد تار
که سر نه در ره یاران بی وطن داری

خطاست در بر یاران اگر وفا نکنی
که در وفاست سخن ها اگر سخن داری

بگو به شمع که بیدار باش تا دم صبح
که اشگ من به گریبان و پیرهن داری

مگر به کلبه یاران شبی گذر نکنی
که قلب پاک مرا رنگ نسترن داری

وفا و رحم ومروت به دیگران والاست

نیرزد آنکــــه محبت به خویشتن داری

شفق

شفق از دور چون گل های آتش

به چشمم گرم و زیبا و حزین بود

به رنگ زعفران از دور می سوخت

تو گویی همچو باده آتشین بود

چو کم کم دور می شد پشت کوهی

رخش هچون شقایق خشمگین بود

مرا دید و به من راز دلش گفت

تو گویی درد هایش این چنین بود

خدایا ! آتش رویم بپوشان

که خشم من کجا ازروی کین بود

مـرا آتش نهـدی در نهادم

تـرا آتش به انگشتم نگین بود

مسوزانـم ، دگر طاقت ندارم

شفق هستم گناه من نه این بود

چو از پشت افق ، تنها گذشتم

غمـم با آتش قلبم قرین بود

چو از یک سو به دیگر سو کشانی

مرا آش مزن ، خواهش همین بود!

شاعر

ای خدای عشق ! می دانی که شاعر نیستم   در صفوفِ شاعرانِ قوم ، ظاهر نیستم
من نه کاذب بوده ، نی بر کذب دارم رغبتی   شاعران گویند من در کذب ماهر نیستم
نی ز کاهی کوه میسازم نه از ماهی پلنگ   در علف ها ، گل نکارم ، مرد ساحر نیستم
شاعران گویند جایم مسجد و محراب نیست   کعبه نتوانم رسیدن ، چونکه شاکر نیستم
در ره مهر و وفا اندوختم اسرار جان   بر دروغ و جور و سختی ، هیچ قادر نیستم
چشم را بر محضر مهر و وفا روشن کنم   چشم کس بیرون نیارم ، مثل نادر نیستم
راه می پیمایم اندر کوی عشق و پاکی   کوچه جور و جفا را بنده عابر نیستم
شعر، همچون سعدی و حافظ نگویم لیک دانم   در چمن مرغ غزلخوانی چو شاطر نیستم
در دل میخانه آیم ، ساغر و معشوقه جویم   لیک عریانی نخواهم همچو طاهر نیستم

شاعران را هست گاهی مجلس عشق و صفایی
عاشقی را دوست دارم لیک شاعـــــــر نیستم

رویای سفر

بین دو بال ابر چو امواج کف به لب
بر خسته ساحل لب دریا نظر کنم
بربال ابر نامه نویسم که ای رقیب !
چون موج بر تو غلطم و دفع حطر کنم
تا ابر ، نامه را برساند به یار من
من با تو ای رقیب ! چه خاکی به سر کنم
دیروز ، نامه ای که به گلبرگ حک زدم
امروز برگ خشک گلی را هدر کنم
پروانه، بال خود ورق دفترم نمود
آن شمع سوخت نامه وبا لش سپر کنم
پروانه سوخت یکدم و آن نامه نیز سوخت
دیگر زشمع و آتش و چشمان ، حذر کنم
خطی زنم به قله کوهی که بلکه آن
آن عشق را بخواند و من دیده تر کنم
روزی که بشنود سخن عشق را زمن
آنــدم به راه دلبر صادق سفر کنم !

دو بیتی ها

خوشا آنان که باما در صفایند   زدرد و رنج و غم دایم جدایند
خوشا آنانکه عشق و راستی را   طرفدارند و بر آن پابجایند

دلم در جستجویت پر گرفته   کجا رفتی که دل آذر گرفته
سراغ از آشنایانت گرفتم   دو چشمم اشگ را از سر گرفته

خبر دادند حیوان بی سبب مرد   دلم افتاد و جانم در تعب مرد
خدارا شکر اخباری دروغ است   که حیوان زنده وشیخ حلب مرد

تو مویت را کنار رویت آویز   بده دست من آن زلفان گل ریز
بیا تا من ببوسم چشم نازت   مکن ازدیدن این یار پرهیز

دلم در حسرت ایران کباب است   ولی آمال من نقش بر آب است
چه کس کاشانه ام را کرده ویران   گناه است این ندانم یا صواب است

پایان

چون دقایق ساعت ، عمر می رود زبرم　　خاک بر سرم ! چه کنم ؟ عمر رفت از نظرم

دوره جوانی بود ، شور و شادمانی بود ،　　دوره جوانی رفت ، نور رفت از بصرم

موی جعد مشگینم رنگ برف شد اکنون　　قد راستم خم شد ،آمده رنج و درد در کمرم

نور دیده پنهان شد، گوش نشنود سخنی　　دست و پای لرزان است، داده قاصدم خبرم

قدرت و شبابم بود ، پرش عقابم بود　　قدرت و توانم رفت ، شد شکسته بال و پرم

آنچه اندر این دنیا جمع شد فنا گردد :　　مال و ثروت دنیا ، نقره و نگین و زرم

دلبران و زیبایان رفته اند از بر من　　عشق خوبرویانم می زند به جان شررم

کودکان و نوزادان ، همسری گرفته به بر　　کودکان آنان نیز برده از سرم اثرم

آمدیم بی معنا ، می رویم بی ارزش　　راه ما همه یکسان ، جمله در ره سفرم

کوته است عمر ما ، شمع و باد و پروانه　　بنگر این مصیبت را زین فسانه دربدرم

روز و شب چه کوتاه است گردش کواکب بین　　گردش سماوات است یا جنون زده به سرم

من فدای خوبانم ، عاشق سخندانم

وای بر کسی که زند سرزنش به چشم ترم

عاشق ایرانم

من عاشق ایرانم پرورده تهرانم
از هجر پشیمانم
هر چند در این وادی آلوده قبای من
من از تو نگیرم دست تا جان بودم در تن
در کشور اهریمن
در پای تو می‌سوزم هستی تو خدای من
دریاچه چشمانت، و آن مژه لرزانت
هر دم فتدم بر سر
چون موج به ساحل‌ها گرداب بلای من
و آن زورق بشکسته کز جام بلا رسته
وز دست جهان خسته
بنشسته بر امواج و نشنیده صدای من
از درد دل لیلی وز درد دل مجنون
از خانه شدم بیرون
تاب و رسنی دستم بندی شده پای من
آرام نشین آرام ترسم که بریزد بام
بام دل پرآلام
از دولت آزادی در سینه و نای من
گفتی بمن ای مادر از قید سفر بگذر
از هجو مگو دیگر
از خامی من بشنو، از درد و بلای من
خم گشته دو پای من
خون گشته سرای من
من عاشق ایرانم ای وای پشیمانم، ای وای پشیمانم، من عاشق ایرانم.

بوم و بر

من آن بوم و بر را اگر می‌پرستم — برای صفا و هنر می‌پرستم
همان سعدی و حافظ خوش بیان را — چو فردوسی نامور می‌پرستم
گل و بلبل و سنبل و شمعدانی — در آن کشور نقشگر می‌پرستم
در اینجا به دریا نبینی طراوت — من آن آب بحر خزر می‌پرستم
پرستو پر و بال خود ریخت آنجا — من آن مرغ بی بال و پر می‌پرستم
چو پروانه سوزم به شمع محافل — که در سوختن شعله ور می‌پرستم
ز داد و ز عدل و وفا و صفا را — من آنجا بهین دادگر می‌پرستم
من آن آه سرد زمانم خدایا — که از شام یلدا سحر می‌پرستم
من از تاک ایران شرابی برآرم — که رنگش چو خون جگر می‌پرستم
در آن سرزمین جغدها لانه کرده — من آن لانه پرخطر می‌پرستم
دلم خون شد و ناله‌ام گرم و گیرا — من آن ناله پرشرر می‌پرستم
از آزادی آنجا ندارم خبر لیک دانم — خبر را ز یک راهبر می‌پرستم
کجا رفت رسم دلیری و پاکی — من آن پاکی معتبر می‌پرستم
خدایا مرا از بشر درحذر کن — چرا من خطای بشر می‌پرستم
در این وادی پر زر و زور آیا — بشر را برای گهر می‌پرستم؟
چرا ناله دارم من از غرب دنیا — چرا شرق را بیشتر می‌پرستم
صفا و وفا و کرم نیست اینجا — وفا را در آن بوم و بر می‌پرستم
از افکار پوچ همین زر پرستان — بدورم من آن مختصر می‌پرستم
بیابان مکانم زمین و زمانم — چرا آمدم من سفر می‌پرستم؟

درخت شکسته

درخت ستبری به زانو نشسته
همه شاخ و برگش شکسته شکسته

قبای تنش پاره پاره به پیکر
همه تار و پودش گسسته گسسته

نه برگی نه بوئی نه رنگی نه حالی
ز جور زمان خاطرش خسته خسته

نه یک باغبانی که آبش بپا شد
نه جمعی به سایه نشسته نشسته

نه یک بلبلی تا بنالد زگلها
نه از شاخه بر شاخه‌ای جسته جسته

درخت ستبر از ستم‌های باران
درون دلش رازها دسته دسته

ز باد زمستان که سوزد تنش را
زبان شکایات را بسته بسته

ز سیلاب‌ها شکوه‌ها در وجودش
که کی می‌توان از تعب رسته رسته

گذشت آن جوانی و شور و غرورش
که از درد پیری نرسته نرسته

درخت اوفتاده به جنگل ولیکن
بیاد جوانی فقط مسته مسته

عشق

ای عشق بیا تا من دیوانه بمیرم — درپای اجل دست بدست تو بگیرم
با عشق هراسی دگر از مرگ ندارم — با عشق جوان گردم هر آینه پیرم
سالیست که در عشق تو دیوانه شدم من — عمریست که در پنجه و دست تو اسیرم
ای عشق تو در قلب من زار نشستی — ای عشق تو یکباره روی کُنه ضمیرم
عاشق منم ای دوست که معشوقه تولی تو — معشوقهٔ جانی تو که از مهر تو سیرم
عشق است که خورشید بدنبال تو گردد — عشق است که باد و مه و گل کرده شهیرم
پروانه اگر دورگلی جان بسپارد — دیوانه عشق است به بُستان حریرم
دریوزگی عشق عجب طبع بلندیست — در بارگه عشق به یکباره فقیرم

هیچ

من هیچم و تو هیچ و همه هیچ و جنان هیچ
ذات احـدی بـوده و بـنیاد جـهان هـیچ

من هیچ‌تر از هیچم و در پـیچ و خـم دهـر
از هیچ چه می‌خواهی جز درد نـهان هـیچ

اسکـــندر مـقدونی مـی‌گفت بـزرگ است
مـن هـیچم و از او بـترم تـاج کـیان هـیچ

تـــا بـــوده صـفائی و وفـائی هـمه دانـند
عاشق صفتان هـیچ پـسندند بجان هـیچ

ما هیچ شویم آخر و در اصـل چـه بـودیم
وز هـیچ چـه بـودیم بـدریای نـهان هـیچ

هیچت سر سودای کـمک بـر دگـران بـود
بیا_ تبر هیچ شـدن از تـو نشـان هـیچ

بنگر که چه بودیم و چه گفتیم و چه کـردیم
در وادی دنـیا گـل زردیـم و خـزان هـیچ

گفتند سـخن‌ها کـه نـه در شأن بشر بـود
نی در خور دین بود و نه در اصل گمان هیچ

بیدار شـو ای غـوطه ور انـدر دل هسـتی
بـنگر کـه خـداونـد تـرا داد تـوان هـیچ

از قلب خرابم تو چه پرسی تـو چـه دانـی
بیچاره چو مرغی به قفس گشته نـهان هـیچ

آلانــه مـــن قـــصد دیـار دگـری داشت
آنجا همه هیچ اند چوگـردیده روان هـیچ

آزادی مـا دست خـداونـد جـهان است
باید که بـاوگـفت چـراگـشته زمـان هـیچ

کجاست آزادی

خدایا ملک آزادی کرا دادی کرا دادی؟
خدایا دره و ماهور را رنگ و جلا دادی
به کوهستان و جنگل لطف دادی
عشق دادی.
آسمان را نیز بر آنها تو سقف کبریا دادی
به دریا موج دادی حالتش را منقلب کردی
به ساحل صبر دادی تا سترگ و سخت
تحمل ها کند بر موج سنگین سالها یک تن
تو خود بر موج دریا نغمه مرغ و صفا دادی
به کوهستان اگر از برف و باران شکوه‌ها خیزد
دل کهسار را چون سنگ خارا از جفا دادی
به آزادی کهسار و به زیبائی دریاها
قسم تا زنده‌ام یکدم، از آزادی نمی‌گویم
دگر آزادی اندر راه من خار مغیلان شد
چرا گفتی که درمان است آزادی؟
چرا گفتی که پیمان است آزادی؟
چرا گفتی که ایمان است آزادی؟
تو این کفّار را با دست خود تحویل ما دادی
بگو با من چرا سیمی بعنوان طلا دادی
از آزادی گذشتی محبس و زندان چرا دادی
چرا کردی سر ما را فدای راه آزادی

وطن

فرزند وطن بشنو از دیده دل و ز جان

ویرانه کنون بنگر مقیاس بدان ایران

اسلاف که خود هر یک سر مشق هنر بودند

با چشم بر این صحنه ماندند همه حیران

خورشید زمان بودند هر یک صنم دوران

بنگر که چه شد کشور امروز درین دوران

دیشب که سروش غیب خوش زمزمه می‌کردی

در گوش شنیدم گفت هرگز تو مشو پژمان

در شادی تو یک دل هستیم همه شادان

در نوحه و الحانت گشتیم همه بی جان

پندار که دهقانی یک شاخه گل بنشان

شاید که ز تو ماند این گل به سر اخوان

این مرد وطن را خود یاری بده چون مادر

شاید که ازین یاری مادر شودت شادان

یاران همه در ماتم از دوست مشو فارغ

شو متحد و یکدل در گوشه هر زندان

از مرگ ندارم باک هستیم همه از خاک

ایران تو مشو ویران چون نیست ترا خذلان

این چرخ ستمگر را بیش است جفاکاری

فتحی تو جهان را خود آئینه عبرت دان

غنچه های شکفته
دفتر چهارم از دیوان پروفسور فتحی

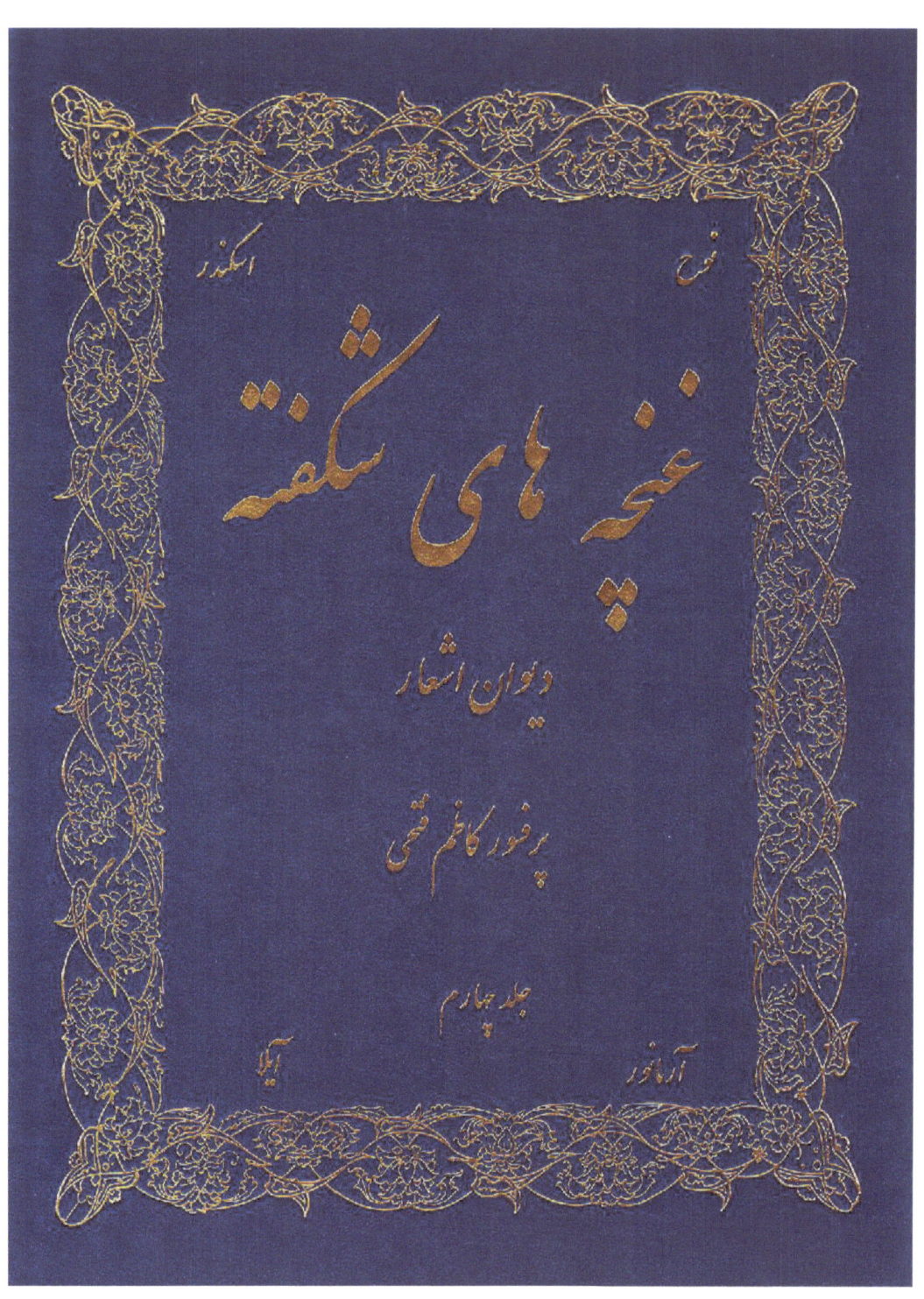

غنچه های شکفته

چهارمین کتاب از دیوان اشعار پروفسورکاظم فتحی با عنوان غنچه های شکفته مانند کتابهای پیشین با کاغذ و چاپ مرغوب انتشار یافته است . کتاب به چهار نوه « نوح – اسکندر – آریانور – آییلا » که نامهای آنان روی جلد درج شده اهدا گردیده است .

اسکندر

نوح

آریا   آیلا

در مقدمه به قلم شاعر چنین آمده است :

(به یاری خرد و توانایی جلد چهارم اشعار من هدیه دوستان و هنرپروران و اندیشمندان می شود. کتاب اول با نام «دفتر آرزو» با جلد سپید رنگ هدیه به دخترم آرزو و ایرانیان گردید . کتاب دوم با نام «پیام آرمان» با جلد قرمز رنگ هدیه پسر بزرگم آرمان و دوستان پارسی گوی شد . کتاب سوم با نام «گنجینه رامین» بود که با جلد سبز رنگ هدیه فرزند پسر کوچکم رامین و

ایرانیان محترم گردید و با توجه به اینکه پرچم ایران از سه رنگ سپید و قرمز و سبز برخوردار است این سه جلد را به رنگ های پرچم ایران به چاپ رساندم کتاب چهارم اشعارم را اکنون به نوه هایم : نوح – اسکندر –آریانور –آیلا و به همه پارسی زبانان دنیا هدیه می دارم . رنگ جلد این کتاب آبی است که از آبی آسمان و آبی آب اقیانوس ها تقلید شده که چون نوه ها کودکان بی گناهی می باشند و صافی و صداقت کودکی آنان مثل آب دریا ها و آسمان شفاف می باشدلذا رنگی که انتخاب شده آبی است. سرودن و چاپ این کتاب در دوران آوارگی مردم ایران به نقاط دیگر جهان و خرج آنان از کشور عزیز ایران می باشد که در اشعار من تاثیر فراوان دارد از شما دوستان عزیز می خواهم اگر غلط املایی و یا انشایی و یا عروضی در این اشعار دیدید به بزرگی و دانش و اطلاعات کامل خود مرا ببخشید و چشم پوشی فرمایید . باید بگویم :

مگر به لطف پذیری وگرنه می دانم   خطاست در بر دریا گهر فرستادن

با عرض ارادت – قربان همه ایرانیان جهان - کاظم 2010 -30 -4)

این کتاب در 212 صفحه و حاوی 176 قطعه از سروده های پروفسور فتحی است . ا شعار این کتاب بیشتر پیرامون رویداد های ایران است و همان گونه که خود در مقدمه بیان داشته وقایع ناراحت کننده ایران در پیدایش اشعار موثر بوده است برخی از سروده هاهم غنایی است و پاره ای در خطاب به دوستان و آشنایان است

می گویند شاعر باید آیینه زمان خود و بیانگراحوال و آثار عصر خویش باشد و شاعر ماهم در این کتاب ، چنین وضع و حالی دارد .

پردفسور حسن امین در این مود چنین نوشته است :

(اکثریت فیلسوفان ، عالمان دین ، اخلاقیون ، جامعه گرایان و منتفدان ادبی ، فرد فرد اعضای جامعه را در برابر اجتماع و بلکه بشریت ، مسیول می شناسند و بنا براین برای هر هنری ، از جمله شعر ،هدف های اجتماعی و مقاصد انسانی قایل هستند و می گویند هنر باید در خدمت جامعه باشد و شاعر باید با سود جویی از هنر شاعری ، پیام های سیاسی ، فلسفی ، اخلاقی و دینی مطلوب جامعه یا جامعه مطلوب را به خواننده منتقل کند و خلاصه اینکه شاعر باید در برابر جامعه مسیول و متعهد باشد و این همان هنر « موظف » یا هنر « متعهد » است)

اشعار پروفسور فتحی بیشتر در راستای هنر موظف است
بسیاری از نابسامانی ها ی ایران و خلاف کاری های اربابان قدرت ، دل حساس شاعر را به درد آورده و اورا وادار به بیان احساساتش نموده است . و شاعر با شجاعت و بی پروا به انتقاد از مفسدان ، دروغگویان و ریاکاران پرداخته است البته این گونه سروده ها ، بیشتر ازآن اشعار غنایی که تکرار شده می باشند ارزش دارند و خواننده بهره و التذاذ افزونتری می گیرد .
همچنانکه می شد انتظار داشت اشعار این کتاب قوی تر و منسجم تر از کتاب های پیشین است و بهره های افزونتری در اختیار خواننده می گذارد
در این کتاب اشعاری با مضامین ، وزن ها و قالب های گوناگون به چشم می خورد و همانگونه که اشاره شد بیشتر پیرامون مسایل اجتماعی و سیاسی و انتقادی است چند سروده از این کتاب را به عنوان نمونه می خوانیم

غنچه

در باغ دلم ، غنچه نشکفته زیاد است
دیوانه و شوریده وآشفته زیاد است

کس نشنوداز من سخن هرزه ولیکن
در سینه من ، گفته نا گفته زیاد است

رویای سحرگاهِ منِ خسته و نالان
در حاشیه چشمِ منِ خفته زیاد است

در زیر لباس تو و آن گیسوی افشان
شور هوس گلشن بنهفته زیاد است

بیدار شو ای یکه خریدار در این بحر
دُرّ و صدف سفته و ناسفته زیاد است

آن غنچه نشکفته لب هات چه داند ؟
کاندر دل من غنچه نشکفته زیاد است

برای نوه ام نوح

به چشمان ملوس پُر ز نازت
به سیمای ظریف پُر زرازت
به آهنگ صدای خنده هایت
به چشم و گوش و دست و گام پایت
به بازی های گرم کودکانه
که مخصوص تو می باشد یگانه
به جیغ و داد بی حد و فسانه
که در آن نیست اشگی دانه دانه
به عشق مادر و مهر فراوان
که می ریزد به پایت روز و شب جان
به آن دیوانه از خویش بی خویش
که بر فرزند بگذارد تن خویش
به لبخندی که دادی بر پدر ، دوش
که او هرگز نکرد آن را فراموش
به عرش داور داداریارم
تو را چون مهر مادر ، دوست دارم

برای نوه ام اسکندر

رُخت چون برگ گل زیباست ، می دانم که می دانی
به زیبایی گلی یکتاست ، می دانم که می دانی
ز چشمان تو می بارد ـ سکندر ! نور زیبایی
چو اشگ من که چون دریاست ، میدانم که می دانی
بخند ای نازنین فرزند هر شب تا سحرگاهان
که لبخند تو چون فرداست ، می دانم که می دانی
تو را پروانه آسا ، می پرستم ، ای گل زیبا !
دلم ، پروانه ای تنهاست ، می دانم که می دانی
در آن چشمان مرموزت ، همه اسرار گنجیده
که در آن عاشقی پیداست ، می دانم که میدانی
گل من ! نازنین اسکندر فرخنده محبوب !
دو چشمت ، چشمه دنیاست ، میدانم که میدانی
بدان ای گل که عقل و جان تورا دادند دلداری
نگاهم اخگری گویاست ، می دانم که می دانی
تورا در بستر دنیا ، چه در خواب و چه بیداری
پرستم ، چون دلم آنجاست ، می دانم که می دانی

برای نوه ام آریانور

نور منی تو آریا ! دختر ناز و لعبتی
پرتو آسمانی و خوشگلی و طراوتی
موی قشنگ بور تو ، روزنه امید من
چشم خمار و مژه ات زمزمه محبتی
هر قدمی که می نهد پای تو روی فرش ها
آن قدم خداییش ، داده نشان ز قامتی
آن کلمات و جمله ها گرچه زبان کودکی است
وه که شنیدنش دهـــــد رایحه لطافتی
رقص و نوای پای تو ، داده به رقص رونقی
چونکه درون رقص تو ، گشته نهان صداقتی
باور هیچ کس نشد هوش تو و حواس تو
این همه عشق کودکی ، وآنهمه در صباوتی
آرزوی من و پدر ، خواهر و مادر تو شد
تا تو همیشه شاد و خوش باشی و در سلامتی
هرکه تورا نظاره کرد، گفت به نغز جمله ای
تو آیتی ز خوشگلی ، تـــو معجز طبیعتی

برای نوه ام آیلا

آیلا ! هالـــــــه ماهی و مرا دلداری

حال یک سال گذشت از تو و من هم ، آری

همه در بازی و خنده ، همه در گرمی عشق

با همـــان خُلق خوشت ، گرمی هر بازاری

خواهرت (نور) چه فرخنده و همبازی توست

که اگر گریه کنـــــــی ، می دهدت دلداری

چشم و گوش و دهن و پیکر زیبای تو چیست

گویی انوار خـــــــدایی و تو خود انواری

حرکاتت چه ظریف است و نگاه تو چه گرم

کودکی پاک و نـــــداری به کسی آزاری

با چنین خوشگلی و پیـــکر و اندام لطیف

من ندیدم که کشـــــد نقش تورا معماری!

تا به دامان منی ، جان منی ، عمر منی !

به من خستـــــــه و وامانه بده دیداری

در سلامت همه باشی و خوش وخرم از آنک

که نباشی به جهان هیچ زمـــــان بیماری

عشق میهن

مرا به عشق تو تدریس داد استادم
که درس های دگر جمله رفت از یادم
تو عشق من ، تو صفای من و پناه منی
من از برای نگهداری وطن زادم
پرستش تـــو از ایام کودکی تا حال
ز بعد حق شده تنها پرستش و شادم
اگر کسی به تو دست ستم روا دارد
به ناله افتـــم و آید به عرش فریادم
اگر مریض تو گشتم دوای من چون است
چگونه می دهی از بهــر درد ، امدادم
هر آنچـــه زنده ام آزادی تو را خواهم
برای خاطــر آزادی تــو آزادم
کلام عشق ، کلام من است ، ای ایران !
ببین برای تو در خون چگونه افتـــادم

نقشه بیگانه ؟ !

تمام خانه عمرم به خاک یکسان کرد
که بود و از چه در آمد که خانه ویران کرد
کسی که کشور مارا بسان دوزخ ساخت
کسی که خدعه و تزویر با مسلمان کرد
چه شد که کشور جم را همه سراپا سوخت
چه شد که مردم مارا دچار حرمان کرد
به اردشیر و جم وکیقباد و کیخسرو
جنایتی که به فرزند سام و ساسان کرد
بگو به مرشد این زور خانه امید
که طبل را بنوازد که دیده گریان کرد
هزار جنگی ورزیده و دلیر و قوی
سزاست آنکه کنون قصد راه ایران کرد
چو طره سر زلفت که در پریشانی است
چو شام تار خدا روزشان پریشان کرد
خدا کند که به نفرین من دچار آید
هر آنکه نقشه به دستور انگلستان کرد

فرمانده ؟ !

آوازه بی رحمـــــــــی تو ، ورد زبان ا ست

ای دوست چه پرسی که مرا بر که گمان است

آن روز که من شاهد دیدار تو گشتم   در چشم تو رحمی نتوان دید ، عیان است

وقتی که دو چشمان غضبناک تو دیدم

گفتم که خطرناک ترین مرد جهان است

با جنگ و جدل زاده خمیر تو زبنیاد   جنگی که نه در حوصله گفت و بیان است

در جنگ که ملیون نفر از مردم ما سوخت   فرمانده تو بود ی که زدست تو فغان است

آن کودک بی یاور و مظلوم در آن مرز   فرمان تورا برد که در خاک نهان است

بیچاره ندانست که بیهوده شهید است   محکوم عدم شد که نه این رسم زمان است

آن مادر و آن خواهر و بیچاره پدر ها   از دا غ عزیزان همه را اشگ روان است

پر پر شده گلها زچه در فصل بهاران   پر پر شدن گل همه در فصل خزان است

شب ها که دو چشم تو به خواب است چه دانی   کابوس کرا بینی خواب تو گران است

آلام بشر را همه گیرم که ندانند   تو دانی و در دست تو دوزخ چو جنان است

در دهر کدامی است که حلقت بفشارد

گوید که چنین مرد سزایش خفقان است

سر زمین ؟

دوستان ! بنده اهل تهرانم	وز برای شما غزل خوانم
حق پرستم ، خداپرستم من	همه دانند من مسلمانم
خواستار صفا و عشق و خدای	متشکر که داده او نانم
ماه تابان ز مهربانی خویش	همه شب بوده روی ایوانم
با کسی عهد بد نبستم من	با خدا بوده عهد و پیمانم
دوست را می ستایم و دانم	یار یاران پاک و انسانم
من ستایشگر هنرمندم	وز ستمگر همیشه پنهانم
از عداوت گریزم و همه عمر	از حسادت بری کنم جانم
چون که مویم سپید شد گفتم	که بهاران گذشت و پژمانم
دور بودم زمیهنم همه عمر	چکنم زین سبب پشیمانم
« تا بدانجا رسید دانش من	که بدانستمی که نادانم »

حاصل عمر من همین عشق است
عاشق سرزمین ایرانم

گم شده ها !

گم شد قصیده ها که سرودم برای تو

جانم به لب رسید که گم شد نوای تو

سالی گریستم که عروس دگر شدی

گاهی برای دردم و گاهی برای تـو

من آمدم به جشن تو ، دیدم نگاه تو

سوی من است و غمزده جان شد فدای تو

در هر طرف چراغی و شمعی و لاله ای

جز سوی من که بود سیه از جفای تو

لبخند برلبــــــان و گره در گلوی من

در گوشه ای خزیده شدم خاک پای تو
زر نیست در بساطم و دستم تهی زمال
من در شباب عمرم و بیجــا گدای تو
دست رقیب ، دست ترا می فشرد و من
می سوختـــم از آنکه ندیدم وفای تو
از مادرت غمین که مرا از تو دور کرد
آزرده بودم و چکنــــم از خطای تو
وقتی که باز گشتم از آن جشن پر سرور
انگار مـــرده ای که نسنجید رای تو
رفتـــی و آن نگاه عمیقت ز یاد رفت
دیگر چگونه نامه رسانـم به جای تو
خوش باش ای رفیق دلم ای عزیز مصر
دیگر کجا کسی به من آرد صفای تو ؟
اکنون که سالهاست ندیدم ترا ، هنوز
دارم به گوش خویش ، نوای صدای تو

چشم گریان

دلم را برد ، از اول ، همان زلف پریشانش
نفس را قبضه اندر سینه کرد اندام عریانش
فراخ سینه را دیدم که قلبش می تپد در آن
تبم را بیش از پیش کرد آن گوی و میدانش
سر مویش ز سودایی سخن می گفت فهمیدم
چو فهمیدم نسنجیدم که مویش کرده حیرانش
گرفتم از حباب دیده اش پیغام مرموزی
همه راز دلش پیدا از آن چشمان گریانش
سخن گفتم به نرمی ، او که نرمی بود رفتارش
جوابم گفت یکسر با همه گفتار آسانش
بگفتا پس دیارم کو ؟ دیارم نیست این کشور
به اشگش خیره شد چشمم چو دیدم باد و توفانش
بگفتم صبر کن ای جان ، سرم بر دامنت لغزان
همه ملک کیان در دست بی رحمی گران جانش
دلم می سوزد و آن خانه را دیگر چرا بینم
که من هرگز نخواهم دید آن کاشانه ویرانش
به من رو کرد و خندید عاقبت با چشم گریانی
که من نتوانم آن را گفت اندر هیچ دیوانش

بیدار !

من نخوابیدم شبی ، از من مپرس آن خواب کو؟
من به مسجد ره ندارم ، منبر و محراب کو؟
درد دل گویم به تارم خفته سوز و ساز ها
راه را گم کرده در شب ، پرتو مهتاب کو ؟
می فروشان رفته اند از میکده ، بیدار باش
جمله می پرسند از هم ، آن شراب ناب کو؟
ای سخنور ! مرد میدانی ، بگو از راستی
یا مصور کن که مــارا فاتح الاباب کو ؟
ما بجای شادی و رحمت ، گرفتار غمیم
نازنین ! ابزار کار و وحدت اسباب کو؟
زلف مشگین تو رنگ خاطرات مرده ایست
زرد شد لب های تو ، ان گونه عناب کو؟
ما همه آزردگان وز تشنگی در راه مرگ
چشمه پاکیــزه چون آیینه پر آب کو ؟

مهمانی سرد !

نوشتم من در ان مهمانی دوش
که کس با دیگری نجوا نمی کرد

سکوت محض بود و هیچ فردی
لب خود را به خنده وا نمی کرد

مودب ، پر توقع ، بی تواضع
ولی با دیگری دعـوا نمی کرد

حسادت بود پنهـــان درسخن ها
ولی کس شکوه ای آنجا نمی کرد

چه خوش بود آنکه در جمع رفیقان
یکی را دیگری رسوا نمی کرد

اگر گفتم که این رسم وفا نیست
سخن را هیچ کس حاشا نمی کرد

سخن در باره شعر و ادب بود
رقم در دفتر صهبـــا نمی کرد

سخن از سعدی و از حافظ آمد
که او در شعر ها اغوا نمی کرد

ولی از بزم ورزم و داستانها
که فردوسی چرا برپا نمی کرد

نظامی را یکی افسونگری خواند
که در اشعار خود فتوا نمی کرد

تمام طعنه ها بر میزبان بود
در این مطلب کسی پروا نمی کرد

دمی وقتی شرابی ارغوان بود
شَکایت کس از آن مینا نمی کرد

از آن مجلس برون رفتم به سرعت
یکی هم انتقاد از ما نمی کرد

دلـــــم پوسیده بود از میهمانی
چرا دیوانـــــه ای بلوا نمی کرد

به صاحب خانه دادم پند ، رفتم
چرا این بزم خود تنها نمی کرد

جوابم داد آن مرد سخنور
که گویی آدمی پیـــدا نمی کرد

کهنه پرست !

من از گروه کهنه پرستان جدا شدم
با کار نیک ، همقدم انبیا شدم
اندر میان جمع شما ، خاک ره شدم
عاشق شدم به خاک شما ، پر بهاشدم
پروانه وار گرد رخ دوستان شدم
با دوستان نشستم و درس وفا شدم
روزی برای یاری یاران سپر شدم
یا بهر رنج و درد و رهایی ، رها شدم
گاهی مثال شیر درنده به دشمنان
من تاختم به درد عزیزان شفا شدم
چندی برای جلب عدالت قدم زدم
گاهی برای رنج شمایان ، دوا شدم
آزادی کلام ترا خواستم ز جان
با دشمنان خویش به راه خطا شدم
من از خدای خویش نبودم جدا ولی
در حال سجده باز بسوی خدا شدم

عمر رفته

عمر رفت و یار رفت و زندگی بر باد رفت
آن غزال نازنین با تیر یک صیاد رفت
یار رفت و با رقیبان عهد و پیمان بسته شد
با من دلخسته گریان ، با رقیبم شاد رفت
عمر با شاگردی مادر برش پایان گرفت
از بر ما رفت و چون شاگردی از استاد رفت
عشق ما دزدید و و یارم را گرفت اندر برش
در حضورم ، لب به لب ، مانند یک داماد رفت
لاله را بشکست و همچون بلبل خوشخوان باغ
از گلستان محوشد وز شاخه شمشاد رفت
هیچ اندر مغز خود یاد من مجنون نکرد
سرد و بی رحم ومروت ، با همه بیداد رفت
یاد دارم روزگاری را که مهرش پاک بود
یاد دارم آن زمان کز دیده ام افتاد ، رفت
عهد ما ، پیمان ما ، ایمان ما ، امید ما
آن محبت ، آن وفا ، مردانگی از یاد رفت
کاش یار من ، نمی رنجید از گفتار من
این عجب بینم که او در دست یک شیاد رفت

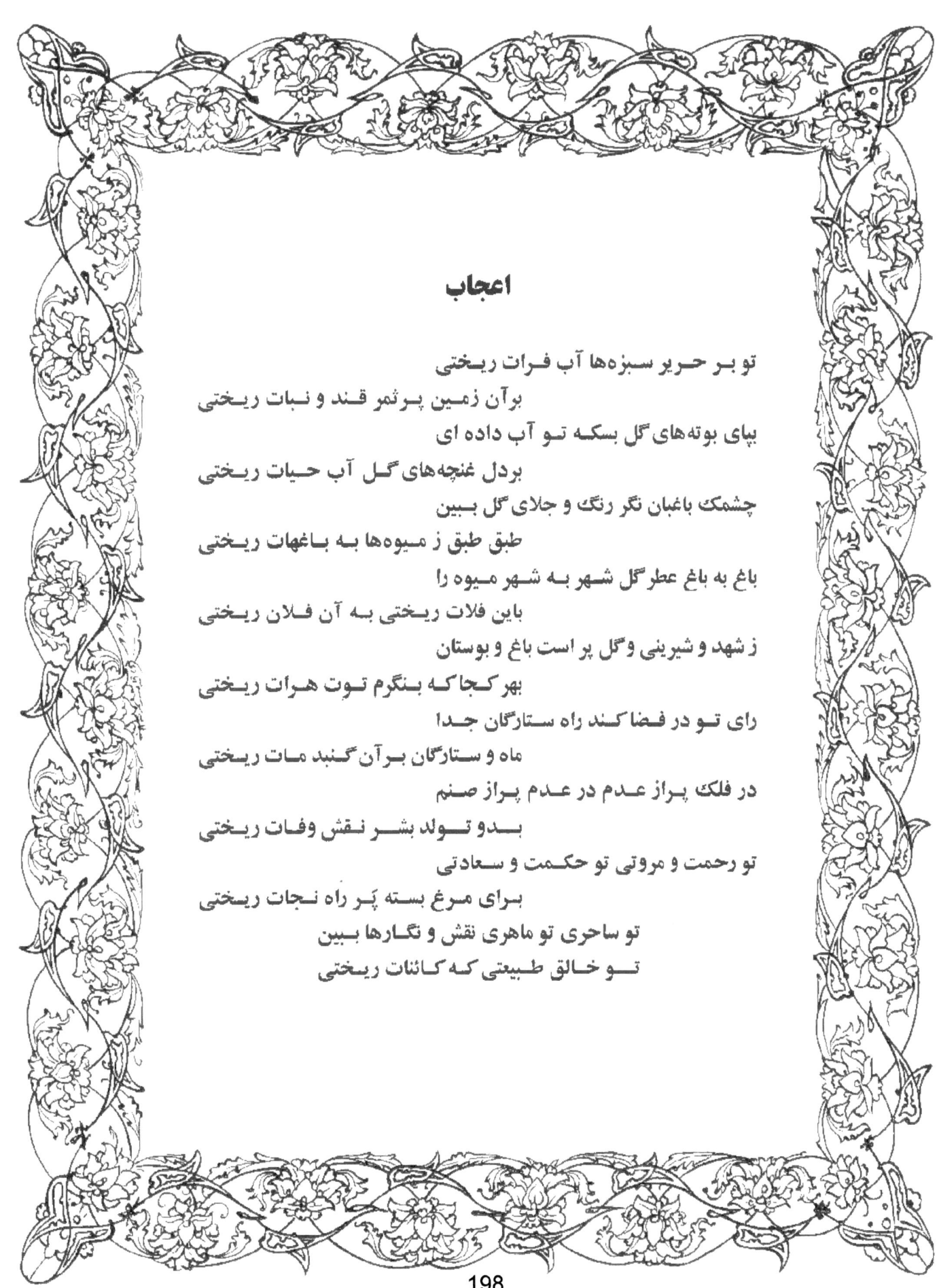

اعجاب

تو بر حریر سبزه‌ها آب فرات ریختی
برآن زمین پرثمر قند و نبات ریختی
بپای بوته‌های گل بسکه تو آب داده ای
بردل غنچه‌های گل آب حیات ریختی
چشمک باغبان نگر رنگ و جلای گل ببین
طبق طبق ز میوه‌ها به باغهات ریختی
باغ به باغ عطرگل شهر به شهر میوه را
باین فلات ریختی به آن فلان ریختی
ز شهد و شیرینی وگل پر است باغ و بوستان
بهر کجا که بنگرم توت هرات ریختی
رای تو در فضا کند راه ستارگان جدا
ماه و ستارگان برآن گنبد مات ریختی
در فلک پراز عدم در عدم پراز صنم
بدو تولد بشر نقش وفات ریختی
تو رحمت و مروتی تو حکمت و سعادتی
برای مرغ بسته پَر راه نجات ریختی
تو ساحری تو ماهری نقش و نگارها ببین
تو خالق طبیعتی که کائنات ریختی

انسان کجاست

بگشای لب که بوسه پنهانم آرزوست
بگشای دیده برق دو چشمانم آرزوست

لبهای یار شربت و شهد لبان من
قندی چنین به کام فراوانم آرزوست

از می شکایت من و تو بی سبب نبود
من ناله شبانه مستانم آرزوست

گل را بدست من مده آواره از وطن
گلهای ناز و سوسن ایرانم آرزوست

گلها سبد سبد به مزارم گذر کنند
گلهای سرخ شهر و گلستانم آرزوست

هر سبزه نیست لایق تزیین پیکرم
من سبزه‌های کشور جانانم آرزوست

از شهر خویش دورم و از مرز و بوم خود
از باغ رانده کوه و بیابانم آرزوست

از این بشر که نیست هوادار دوستی
دیگر رفاقت دَد و حیوانم آرزوست

تا این و خوش بر سر ما حکم می‌کنند
دیگر چرا کلاه سلیمانم آرزوست

«گفتند شیخ با چراغ همی‌گشت دور شهر»
«کز دیو و دد ملولم و انسانم آرزوست»

حافظ

دیگر چه شد که خوردن می‌کار کافر است
پندی چنین ز هادی مردان پیمبر است
حافظ چه گفت تا در میخانه بسته شد
پیمانه ریخت ساغر و ساقی مکدر است
سکر مدام حافظ و مستی و میکده
گفتند واعظان همه بالای منبر است
حافظ نگین بخت خود از ساغری گرفت
در این عقیده بود که جامی مطهر است
باری در آن صحیفه که دیوان شاعرست
آنرا به نظم برده و آن زیب دفتر است
دریافت او که ساغر و سجاده ذکر بود
دریافت او که باده ز سجاده برتر است
زیرا که ذکر حق همه در آن دل است و بس
ذکر خدا برای من و تو مقرر است
حافظ گنه نکرد و چنان حیله گر نبود
گفتا که جام می‌همه چون آب کوثر است
در کارگاه حق غم و هجر و وفا و مهر
بنوشته‌اند و جمله به دفتر مصوّر است
غافل مشو که لطف خداوند مهرجو
با جان ما برابر و از جان میسر است
حافظ خموش گشته و افتاده زیر خاک
نامش بجاست دفتر او زر و زیور است

حافظ خدای شعر و ادب بود درگذشت
شعرش چنان عسل بود و شیر و شکر است

در بارگاه حق توانا سخنور است
در پیشگاه داور دانا مظفر است

اشعار او کلام خداوند لایزال
گفتار او نماز شب و روز داور است

ای بی خبر از آنهمه تدریس پربها
بنگر که درس حافظ ما درس اکبر است

خوشتر ز می ندیدم و آن وحدت است و بس
وحدت بروز حشر چراغی منوّر است

حافظ ترا به شاخه نباتت قسم مرنج
از مردم زمانه نگوئیم بهتر است

تهران ۱۳۸۹

اشاره ای به دو کتاب دیگر

پروفسور فتحی در تالیف دو کتاب دیگردست داشته که چون در دسترسم نیست تنها با آوردن نامی از آنها اکتفا می کنم :

1 - **فردوسی** در این کتاب ، سخن از استاد توس ، فردوسی عزیز است

در زمانی که دانش و ادب ما برمحور کلمات عربی بود ، فردوسی بزرگ با سی سال زحمت و مرارت ، شاهنامه را که به راستی ایران نامه است به وجود آورد وبا این کار زبان پارسی و عشق به ایران را زنده کرد

فردوسی نامدار بر گردن همه ایرانیان، از هر گروه و مذهب و قوم حق فراوان دارد هر ایرانی که میتواند ، شایسته است سالی یک بار به زیارت مزار شریف اورود

2 - **ابن سینا** نابغه بزرگ شرق و افتخار ایرانیان --- این کتاب با همیاری زنده یاد پروفسور احسان یار شاطر و پروفسور فتحی تدوین شده است

گلچینی از گلشن رضوان

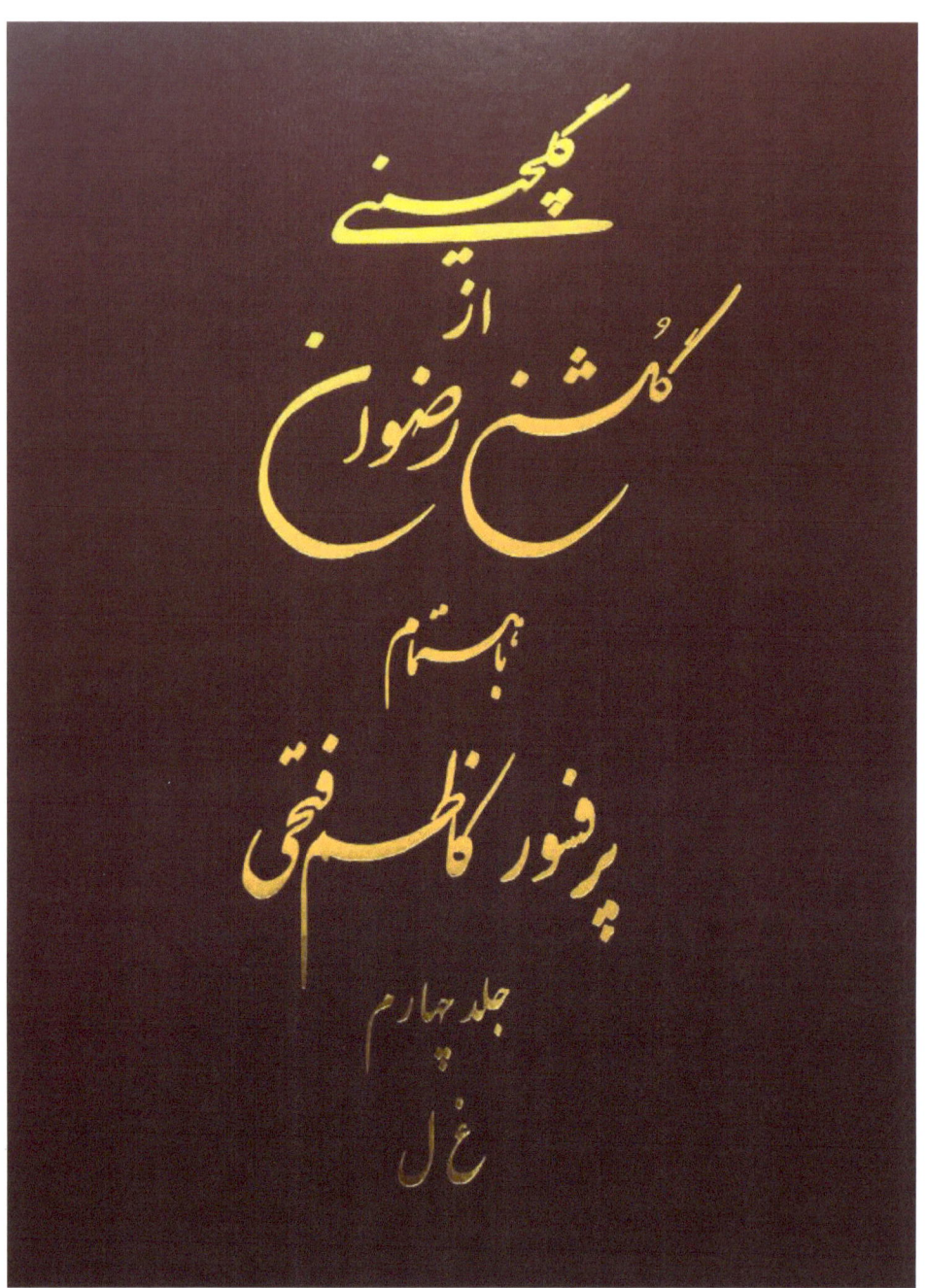

(Volume 4 of 7)

گلچینی از گلشن رضوان

گلچینی از گلشن رضوان عنوان مجموعه هفت جلدی کتاب هایی است که در آنها نام همه شعرای ایرانی را از آغاز تا به امروزمی توان یافت

راستی را که پروفسور فتحی برای تدوین این کتابها کوشش بسیبار کرده و رنج فراوان برده است .شگفت آور است کسی که با کار سنگین و پر مسیولیت شبانه روزی در گیر است اقدام به چنین کاری نماید . به خاطر داشته باشیم پروفسور فتحی در کار جراحی مغز و اعصاب است . آنانکه با حرفه جراحی آشنایی دارند میدانند این رشته تاچه حد پر مسیولیت است .به خصوص رشته جراحی مغز و اعصاب که فکر و ذکر جراح را دایما به خود مشغول میدارد از سوی دیگر پروفسور فتحی اشتغالات دیگری را هم مانند اداره بخش جراحی مغز و اعصاب و بیمارستانهارا هم به عهده داشته است در چنین احوالی تدوین هفت جلد کتاب برای معرفی شاعران ایرانی کاری دشوار و در خور تمجید و ستایش است

این هفت جلد با کاغذ و چاپ نفیس و با سرمایه شخص پروفسور عرضه و به رایگان به کتابخانه های ایران اهدا شده است

این کتابها در حکم فرهنگ نام سرایندگان ایرانی است . هرکه بخواهد در مورد شاعری نکته ای بداند می تواند به گلچینی از گلشن رضوان مراجعه نماید

مولف مقدمه مبسوطی در جلد نخستین نگاشته که بخشی از آن را میخوانیم:

معتقدم که خلاصه مطالب گاهی در خاطره بیشتر می ماند تا تفصیل آن و دراز گویی ها که در اثرگفتگوی زیادمعنای اصلی خود و علت را از بین برده و در میان زیاد گویی ها و بیهوده بحث ها سخنان اصلی و اطلاعات جامع مخفی می شود به طوری که وقتی پای منبر گویندگان مذهبی می نشستم، پس از دو سه ساعت ، چیزی که می توانستم برای

مادرم باز گو کنم این بود که سخان او خوب بود ولی اطلاعات اصلی فراموش شده بود بارها خواستم با علمای ایرانی و نویسندگان و دانشمندان خارج و داخل کشور تماس علمی حاصل کنم ولی آنها به علت گرفتاری زیاد با من از راه ملاطفت بر نیامدند گلچینی از گلشن رضوان به عنوان هدیه به هنرمندان متواضع و آنان که برای تعالی فرهنگ ایران قدم بر داشته اند تقدیم میشود .

در مقدمه سعی کردم برخی یا بهترین اشعار این شعرا راهم برای نمونه بنویسم و به نظر خوانندگان برسانم . در انتخاب اشعار سعی کردم آنها که از نظر عروض و سبک جالب ترند و به خواننده اطلاعات یا پیام یا لذتی بیشتر می دهند مورد استفاده قرار گیرد.

از استاد عزیزم جناب دکتر محمد جعفر محجوب متشکرم که نام «گلچینی از گلشن رضوان » را برای کتابم انتخاب فرمودند . روانش شاد باد

ایشان روزی در آمریکا به من فرمودند که اقدام نمایم برای جمع آوری بیوگرافی مختصر شعرای پارسی گوی ولی بعداز قبول این پیشنهاد متوجه شدم که کار آسانی نیست زیرا وقتی

در حرف (آلف) و (ب) نام قریب به هزار شاعر را پیدا کردم متوجه مشکلات کار شدم

نا گفته نماند که پیدا کردن مآخذ خود مشکلی بود بخصوص در آمریکا که این کتابها پیدا نمی شود و اگر پیدا شود قیمت آن را صد برابر ایران می فروشندو کتابخانه های ایرانی هم آن را مجانا در دست جستجوگر نمی گذارند .

در ایران هم پیدا کردن مآخذ مشکل است . مضافا اجازه داخل و خارج کردن کتاب هم از آن مملکت نفرین شده کار حضرت فیل است ولی زبان انتقاد کنندگان هیشه و همیشه دراز بوده و بدون ملاحظه بر سختی کار و تشویق بنده و یا کمک مختصر برای پیدا کردن نام شاعر یا نوشتن آن و یا ترتیب دادن آن و غیره زبان انتقاد را برای هر اشتباه کوچک و یا حتی یک نقطه اگر افتاده باشد باز می کنند

خلاصه این کتاب را شخصا به زیر بار زحمات و مخارجش رفته ام .خواهشمندم اگر اشتباهی دیدیدبنده را ببخشیدو خرده نگیرید و به بزرگواری و دانش خود ببخشید »

به عنوان نمونه

چند شعر از شاعران ایرانی

برگرفته از گلچینی از گلشن رضوان آورده می شود:

از منوچهر آتشی شاعر معاصر

زنده یاد منوچهر آتشی شاعر معاصر
شاعری که پس از مرگ عنوان شاعر ماندگار را بدست آورد

بعد از این پنهان کنم در دل غم جانانه را
کاین صدف لایق بود آن گوهر یکدانه را
شوخی چشم ترا نازم که کرد از غمزه ای
آنقــدر مستم ، که گم کردم ره میخانه را
شمع ، دانی پیش پای خود چرا هرگز ندید
بود دشوارش که بینـــد کشته پروانه را
گر زدیدارت به رقص افتد دل من دور نیست
جلوه مــــه بر سر وجد آورد دیوانه را
گر بدین سرعت رود در فصل گل عمر بهار
فرصتی کــو تا که از می پرکنم پیمانه را

از هوشنگ ابتهاج (ه ـ ا. سایه) شاعر شهره معاصر

امشب به قصه دل من گوش می کنی
فردا مرا چو قصه فراموش می کنی
این دُر همیشه در صدف روزگار نیست
می گویمت ولی تو کجا گوش می کنی
دستم نمی رسد که در آغوش گیرمت
ای ماه با که دست در آغوش می کنی
در ساغر تو چیست که با جرعه نخست
هشیار و مست را همه مدهوش می کنی
می جوش میزند به دل خم بیا ببین
یادی اگر ز خون سیاووش می کنی
گر گوش میکنی ، سخنی خوش بگویمت
بهتر ز گوهری که تو در گوش می کنی
جام جهان زخون دل عاشقان پر است
حرمت نگاه دار اگر نوش می کنی
سایه چو شمع شعله در افکنده ای به جمع
زین داستان که با لب خاموش می کنی

خوب است یاداور شویم پس از انتشار شعر فوق ، تعدادی از شعرا به استقبال آن رفتند که در میان آنان شعر **فروغ فرخزاد** نمایش ویژه ای داشت:

**چون سنگها صدای مرا گوش می کنی
سنگی و ناشنیده فراموش می کنی
رگبار نوبهاری و خواب دریچه را
از ضربه های وسوسه مغشوش می کنی
دست مرا که ساقه سبز نوازش است
با برگ های مرده هماغوش می کنی
گمراه تر ز روح شرابی و دیده را
در شعله می نشانی و مدهوش می کنی
ای ماهی طلایی مرداب خون من
خوش باد مستیت ، که مرا نوش می کنی
تو دره بنفش غروبی که روز را
بر سینه می فشاری و خاموش می کنی
در سایه ها، فروغ تو بنشست و رنگ باخت
ا ورا به سایه از چه سیه پوش می کنی ؟**

سیمین بهبهانی، بانوی شعر ایران نیز در همین وزن شعر طنز آلودی نوشته است

شب چون هوای بوسه و آغوش می کنی
دزدانه جام یاد مـــــــرا نوش می کنی
عریان ز راه می رســـــــــم و پیکر مرا
پنهان به بوسه های گنه جوش می کنی
شرمنده پیش سایه ی پروانه می شوم
زان شمع شب فروز که خاموش می کنی
ای مست بوسه ی دو لبم ، در کنار من
بهتر ز بوسه هست ، فراموش می کنی!
مشکن مرا چو جام که بی من شب فراق
چون کوزه دست خویش در آغوش می کنی

از ابو الحسن ورزی شاعر معاصر

زنده یاد ابو الحسن ورزی شاعر معاصر (1994 – 1941)

باد بهـــــار آمــــــد و آورد بوی تو   شـــــد تازه باز در دل من آرزوی تو

تا پاکتــــــر به روی تو افتد نگاه من   خود را به اشگ شوید و آید به سوی تو

چون غنچه ای که باز شود در سپیده دم   گردد شکفتــــه این دل خونین به روی تو

پروانـــــه ونسیم ومن ، ای گلبن مراد   هستیم روز و شب همه در جستجوی تو

ای دل عزیز دار که داروی زندگی است   آن می که دست عشق کند در سبوی تو

از ابو سعید ابو الخیر عارف مشهور

دیشب زپی گلاب می گردیدم / در طرف چمن
پژمرده گلی میان گل ها دیدم / افسرده چو من
گفتم که چه کردی که چنین می سوزی / ای یار عزیز
گفتا که شبی در این چمن خندیدم / پس وای به من

گفتم چشمم ، گفت به راهش میدار
گفتم جگرم ، گفت پُر آهش میدار
گفتم که دلم ، گفت چه داری در دل
گفتم غم تو ، گفت نگاهش میدار

از احسان صانعی کاشانی شاعر معاصر

توجهی به منت نیست ، این گناه تو نیست / به دیگری نظرت هست ، اشتباه تو نیست

به کوی من گذرت نیست ، این عجب نبود / خرابه دل من، در مسیر راه تو نیست

به دام عشق تو شد دل اسیر و می دانم / ز تیر غمزه و از ترکش نگاه تو نیست

نمی رسد به رخم نوری از ستاره مهر / گناه اختر عشق و جمال ماه تو نیست

دگر که تیره شد از بخت بد هوای وصال / ز برق چشم فروزان دل سیاه تو نیست

به شام زلف تو دل بسته بود چشم امید / از آنکه فاصله ای تا به صبحگاه تو نیست

ولی چه چاره که اظهار عشق در هر حال / چنانکه رسم زمان است دلبخواه تو نیست

دمی بســــاز به عاشق که کس ندارد یاد

دلی که در خور (احسان) گاهگاه تو نیست

از ادهم کاشانی از شعرای متقدم

عمرش را در بعداد گذرانده و صاحب قاموس الاعلام است . از اواست
کس را نبینم روز غم ، جز سایه در پهلوی خود
آنهم چو آیم سوی او ، گرداند از من روی خود

از مهدی اخوان ثالث (م . امید) شاعر شهره معاصر

اشعارش هم در قالب سنتی و هم در قالب شعر آزاد است .

از بسکه ملول از دل دلمرده خویشم
هم خسته بیگانه ، هم آزرده خویشم
این گریه مستانه من بی سببی نیست
ابر چمن تشنه و پژمرده خویشم
گلبانگ ز شوق گل شاداب توان داشت
من نوحه سرای گل افسرده خویشم
شادم که دگر دل نگراید سوی شادی
تا داد غمش ره به سراپرده خویشم
پی کرد فلک مرکب آمالم و در دل
خون موج زد از بخت بد آورده خویشم
ای قافله، بدرود، سفر خوش، به سلامت
من همسفر مرکب پی کرده خویشم
گویند که (امید) و چه نومید، ندانند
من مرثیه گوی وطن مرده خویشم
مسکین چه کند حنظل اگر تلخ نگوید
پرورده این باغ ، نه پرورده خویشم

لحظه دیدار

لحظه دیدار نزدیک است
باز من دیوانه ام ، مستم
باز می لرزد دلم ، دستم
باز گویی در جهان دیگری هستم
های ! نخراشی به غفلت گونه ام را تیغ
های ! نپریشی صفای زلفکم را ، دست
وآبرویم را نریزی دل
ای نخورده مست!
لحظه دیدار نزدیک است.

از ادیب بیضایی کاشانی

تا ناله ای ز دست غمش در گلو شکست
اشگم گرفت رونق و بازار جو شکست
گفتی که پرده داری دل شرط عشق نیست
باز آ که سیل اشگ ، پل آبرو شکست
از حد گذشت گرمی مجلس به بزم لیک
چون دورجام ، نوبت ما شد سبو شکست
گفتم شکست بر سر سودای تو دلم
گفتا بهوش باش که جایی نکو شکست
صاحبدلان که گوهر یکدانه میخرند
خوش می خرند گوهر دل را که او شکست
دیگر چه باک باشدش از طعنه حسود
آن را که خار عشق تو در دل فرو شکست

از پروین اعتصامی شاعر مشهور معاصر

شاعر بزرگی که در عمر کوتاه خود اشعار نغز و آموزنده به گلشن شعر پارسی هدیه کرد
اشعارش بیشتر به طرز مناظره و آموزنده است

مست و محتسب

شعر شاهکار پروین اعتصامی

محتسب مستی به ره دید و گریباش گرفت
مست گفت ای دوست این پیراهن است افسارنیست
گفت مستی زآن سبب افتان و خیزان می روی
گفت جرم راه رفتن نیست ره هموار نیست
گفت می باید ترا تا خانه قاضی برم
گفت رو صبح آی قاضی نیمه شب بیدار نیست
گفت نزیک است والی را سرای آنجا شویم
گفت والی ا ز کجا در خانه خمار نیست
گفت تا داروعه را گوییم در مسجد بخواب
گفت مسجد خوابگاه مردم بد کار نیست
گفت از بهر غرامت جامه ات بیرون کنم
گفت پوسیده است جز نقشی زپود وتار نیست
گفت آگه نستی کز سر در افتادت کلاه
گفت در سر عقل باید بی کلاهی عار نیست
گفت می بسیار خوردی زآن چنین بی خود شدی
گفت ای بیهوده گو کار کم وبسیار نیست
گفت دیناری بده پنهان و خود را وارهان
گفت کار شرع کار درهم و دینار نیست
گفت باید حد زند هشیار مردم مست را
گفت هشیاری بیار اینجا کسی هشیارنیست

از پویا کاشانی
دکتر حبیب الله صناعتی – طبیب – جراح - شاعر معاصر

ابرها

تماشایی از پنجره هواپیما

در انتهایِ اوج ، زبالایِ ابرها　　حیران نشسته ام به تماشای ابرها

با کاروانی از زن و مرد و جوان و پیر　　در زورقی ، شناورِ دریای ابرها

بیرون شدم زعالمِ اندیشه های خویش　　دل بسته بر شگفتی دنیای ابرها

هر لحظه ام به دیده دگرگونه می شود　　با دست باد ، چهرهِ زیبای ابرها

یکجا نمای جنگلی از کاج وسرو و بید   یکجا بنای بتکده ای پای ابرها

یک سو گروه وحشی گرگ و پلنگ وشیر   یک سو همه فرشته به سیمای ابرها

یکجا نشان تیرگی از توده بخار   یکجا فروغ مِهر به پهنای ابر ها

زرد و سپید و آبی و نارنجی و بنفش   طوطی صفت ، نشسته به پرهای ابرها

گاهی جمالِ منظره ای از زمین و آب   سر میکشد به عاریت از لای ابرها

ماندم به انتظار ، بسی در سکوتِ سرد   تا بشنوم به گوشِ دل آوای ابرها

می خواستم به گونه یک سروِ دیر پای   سر برکشم به دامن صحرای ابرها

می خواستم ز دیده فرو بارم اشگ شوق   باران شوم ، نهفته به ژرفای ابر ها

می خواستم که همچو یکی بازِ تیز پر   پر برکشم هر آینه همتای ابر ها

می خواستم که لانه گزینم چو چلچله   آرام و بی خیال ، به ماوای ابرها

می خواستم که صحنهِ رویایِ خویش را   پنهان کنم به پهنهِ رویای ابرها

می خواستم که زآنچه نهان مانده در دلم   نقشی زنم به پرده پیدای ابرها

می خواستم که خیره بمانم هزار روز   مجنون صفت ، به چهره لیلای ابرها

می خواستم مگر که نوازم مسیح وار   ناقوس مهر را به کلیسای ابرها

می خواستم مگر که بخوانم نماز عشق   در صحن دلگشای مصلای ابر ها

می خواستم مگر که نویسم شعار (دوست)   برآسمان ، به خط چلیپای ابرها

می خواستم که سبزه بر آرم به هر کویر   با دستِ مهربانِ گهر زای ابرها

می خواستم که خرمن عفریت جنگ را   سوزم به آذرخش توانای ابرها

می خواستم که شور بر آرم میان شهر   با انعکاسِ رقصِ فریبایِ ابرها

می خواستم که واژهِ ننگینِ جهل را   بر دارم از میانه ، به یارای ابرها

می خواستم مصیت پیری برم زیاد   با آب و رنگ چهرهِ برنای ابرها

میخواستم که باز بخوانم به گوش خلق   (افسانه ها)به هیات (نیمای) ابرها

می خواستم براىِ بشرعدل و صلح و عیش   جویا شوم ز خالق یکتای ابرها

می خواستم که خسته دلان را به خواب ناز   مهمان کنم به نغمهِ لالای ابرها

می خواستم که نعره بر آرم زسوز دل   رعدی شوم چو بانگ خروشای ابر ها

می خواستم که کور دلانِ زمانه را   آگه کنم به دیده بینای ابرها

می خواستم که غُصّهِ شب های تیره را   شویم مگر به قِصّهِ شیوای ابرها

افسوس کاین عبورِ دل انگیز رفتنی است   کی دل توان سپرد به فردای ابرها

با این همه هنوز منم بی قرار شوق

(پویایِ) راهِ چشمه پویای ابرها

آثار خداوند

دردشتِ خدا خار و گل و سبزه و خس هست
شایستهِ الطافِ الهی همـــــه کس هست
ای آنکــــه در اندیشــــهِ انکارِ خدایی
آثارِ خـــــداوند فراروی ِ تو بس هست
آن نظــمِ عجب در دل افلاک نـــــد یدی؟
با نظمِ چنین ، ناظـــمِ این قاعده پس هست!
هرگز نشدی خیــــره به تردستیِ نقاش
زآن نقش کـــه در گسترهِ بالِ مگس هست ؟
هرگز نشـــدی مات زنیـــرویِ شگرفی
کاندر عطشِ رویشِ یک دانه عدس هست ؟
مبهوت نگشتی که چنین بر دلِ مـــــادر
درپرورش طفل ، شگفتانــــه هوس هست ؟
گر گوش خـــرد باز کنی در همــــه آفاق
آوایِ خوشِ دوست درآهنگِ جـرس هست*
هر خُرد وکلان بسته به قانونی و نظمی است
گویی همـــــه جا دستِ توانایِ عسس هست
با دیدهِ بینـــا ست که آثار توان دیـــد
(پویایِ) رهِ دوست منـــتم تاکه نفس هست

به ریچارد فرای

ایران شناس بزرگی که آرزو داشت آرامگاهش در کنار زاینده رود اصفهان باشد... و نگذاشتند

باتو میگویم ، فرایا ! از نهان دل سخن ها:
شرمسارم ! شرمسارم!
شرمسارم - بیشتر از وسعت آن نیلگون دریا که نامش بر زبان راندی :
خلیج فارس ،
شرمسارم – بیشتراز قطره های بیشمار زنده رود نیمه دنیا ،
شرمسارم – بیشتر از دانه های ریگ سرگردان به دامان کویر لوت ،
شرمسارم – بیشتراز راه شیری ، آنکه شب در آسمان اصفهان پیدااست
.
وه چه میگویم ؟ خدایا!
با تو ای ایران شناس عاشق شیدا
شرمسارم!
گریه می آید مرا ، آنگه که گفتی:
چون بمیرم پیکرم را در کنار زنده رود اصفهان در خاک بسپارید
با چه عشقی ، با چه شوری ، با چه مهری!

خاک عالم بر سر ما : بی دلان ، واپس گرایان ، ناسپاسان ، ژاژخایان ،
کور چشمان.
این سخن را گفت باید باچه کس ای دوست ؟
پاسخ عشق بزرگی ، مهر بی مرزی ، صفای بی کرانی ،
یک سبد باشد : همه مشت و لگد ، اندیشه سوزی ، کینه توزی.

گریه می آید مرا ، بگذار تا اشگم بریزد !!............ شرمسارم

از راست به چپ

ریچارد فرای – دکتر محمد سیاسی – دکتر پرویز دبیری – استاد مهریار

با این دلِ غمنشان ، چه می باید کرد ؟
با دیدهِ خونفشان ، چه می باید کرد ؟
گیرم کــه ستمگر از میان بر خیزد
با جهل ستمکشان ، چه می باید کرد ؟

هرجــا دلِ پُر غم است یاد از من کن
در دیــده اگر نم است ، یــاد از من کن
بر دامن کــوه ودشت آرام بگــرد
هرجا گلِ مــریم است ، یاد از من کن

برای همیشه

پویا کاشانی

به دیدارِ آن دلـــــــرباىِ همیشه　　دل از دست دادم ، برای همیشه

گرفتارِ افیونِ عشقم ، نخواهـــم　　رهـــــا گشتن از ابتلای همیشه

ز خویشم به یک لحظه بیگانه کردی　　چه می خواهی ای آشنای همیشه؟

خوش آندم که دستم به گرمی فشردی　　و من ، بردم آن را به پای همیشه

نشستم بر آن هـــــــودجِ جاودانی　　چو در عشق ، گشتم فنای همیشه

غریقم به دریایِ حیرت ، نشان ده　　مرا راهی ، ای رهگشای همیشه!

نخواهـــــم به تاریکیِ دل نشستن　　چراغی ده ، ای روشنـــــای همیشه

!

دچارم به دردی که درمان نگیرد　　جز از مهر ، آن کیمیـــــای همیشه

خدای زمینم تو هستی ، حذر کن　　شکایت برم بر خــــــــدای همیشه

نمیرد صدایی که از عشق خیزد　　که عشق است تنها صدای همیشه

خوشا کشوری کاندرآن مهرباشد　　به هر مرد وزن ، مقتدای همیشه

بیـــــــا تا بکاریم بذر محبت　　از این لحظـــــــه ، تا اتنهای همشه

نماند ستم را به گیتی نشانی　　چنین است مــــــــا را دعای همیشه

چو پویای مهـــــــرم ، نشاید که جویم

رهی ، غیــــــــرِ راهِ صفای همیشه

از بابا افضل مرقی کاشانی

افضل الدین محمد ، شاعر و عارف قرن هفتم هجری

بد اصل گدا چو خواجه گردد ، نه نکوست
مغرور شود ، نداند از دشمن و دوست
گر دایره کوزه ز گوهر سازند
از کوزه همان برون تراود که در اوست

ای نسخه نامه الهی که تویی!
وی آینه جمال شاهی که تویی!
بیرون ز تو نیست هرچه در عالم هست
از خود بطلب ، هر آنچه خواهی که تویی!

یا رب چه خوش است بی دهان ، خندیدن!
بی منت دیده ، خلق عالم دیدن!
بنشین و سفر کن که بغایت نیکوست
بی زحمت پا ، گرد جهان گردیدن

از اقبال لاهوری

علامه محمد اقبال لاهوری از شعرای بزرگ مشرق زمین در قرن چهاردهم است
اشعار او به پارسی و بیشترپیرامون مسایل اجتماعی – عرفانی و فلسفی است

ما از خدای گم شده ایم اوبه جستجو ست
چون ما نیازمند و گرفتار آرزوست
گاهی به برگ لاله نویسد پیام خوی
گاهی درون سینه مرغان به های و هوست
در نرگس آرمید که بیند جمال ما
چندان کرشمه دان که نگاهش به گفتگوست
آه سحرگهی که زند در فراق ما
بیرون و اندرون ز بر و زیر و چار سو ست
پنهان به ذره ذره و نا آشنا هنوز
پیدا چو ماهتاب و به آغوش کاخ وکوست
در خاکدان ما گهر زندگی گم است
این گوهری که گم شده ماییم یا که اوست

از الهی قمشه ای

مهدی الهی قمشه ای از روحانیون بنام و از مولفین و شعرای معاصراست

استاد دانشکده معقول و منقول بود از تالیفاتش : رساله در سیر و سلوک ؛ رساله در

مراتب ادراک . حاشیه بر مبدا، معاد ملا صدرا و دیوان اشعار در پنج هزار بیت است

باز گرد ای سپهر بو قلمون
چند گردی به کام مردم دون
کج روی تا بشادی مستان
دل هشیار ما کنی پرخون
چند بر سان اژدها پیچی
گنج ما زین خرابه شد بیرو

از مشفق کاشانی

عباس کی منش متخلص به مشفق کاشانی از غزلسرایان معروف معاصر از آثار چاپ شده او :

آذرخش ـ خلوت انس ـ شراب آفتاب ـ آیینه آفتاب ـ سرود زندگی ـ سر گذشت یادها ـ همیشه در قلب منی مادر ـ سیرنگ ـ شب همه شب ـ آیینه خیال ـ فراز مسند خورشید

می جویمت

ای امید دل ، چو جــان در خویشتن می جویمت

وای بر مــن ، در خـــراب آباد تن می جویمت

چون نسیبم ، آسیمه سر ،افتان و خیزان ، در بدر

بی خبر از خویش ، در دشت و دمن می جویمت

می شوم پنهان ، چو بوی گل به خلوتگاه راز

در درون غنچـــــه گل پیرهن می جویمت

در گلوی درد منـــدِ نی ، نوا سر می دهم

در هوای نغمـــــه مرغ چمـــن می جویمت

هر کجـــا شور جنون بر پا بود ، می خوانمت

هر کجا عشق است دور از ما و من می جویمت

سوسنم ، با ده زبان خاموش ، اما همچو شمع

با زبانی شعلـــــه ور در انجمن می جویمت

در صفـــــای جویباران ، در ترنم های رود

در دل دریای پر مـــــوج وشکن می جویمت

در طلوع آفتـــاب هر غـــزل ، سر می کشم

بر فـــــراز کهکشا نهای سخن می جویمت

تو فـــــروغ جاودانی در میـــان جان من

ای تو من ! ای من تو ! حیرانم که من می جویمت

از امیری فیروز کوهی

امیری فیروز کوهی متخلص به امیر از شعرای معاصر

روی نیکویی نبیند ، هرکه نیکوکارتر

بیشتر آزار بیند هرکه بی آزارتر

من که هرکس را به یاری بودم از جان دستگیر

مانده ام از هرکسی بی کس تر و بی یار تر

هر قدر با چشم عبرت سوی مردم بنگری

می شوی هر روز چون من در نظر ها خوارتر

زنده بیماری خویشم که جان از انقطاع

بیشتر یابد سلامت ، هرچه تن بیمار تر

خاکساری پیشه کردم وین ندانستم که خاک

بیشتر پامال گردد هر قدر هموارتر

از حیات و مرگ خود زین بیش آگاهیم نیست

کاین شود در هر نفس آسان تر ، آن دشوار تر

از خواجه عبدالله انصاری هروی

از مشایخ کبار و عرفای عالیقدر قرن پنجم

عیبی است بزرگ بر کشیدن خود را
وز جمله خلق برگزیدن خود را
از مردمک دیده بباید آموخت
دیدن همه کس را و ندیدن خود را

شرط است که چون مرد ره درد شوی
خاکی تر و ناچیز تر از گرد شوی
هرکو ز مراد کم شود ، مرد شود
بفکن الف مراد ، تا مرد شوی

مست تو ام ، از باده و جام آزادم
صید تو ام ، از دانه و دام آزادم
مقصود من از کعبه و بتخانه تویی
ورنه من از این هردو مقام آزادم

از مهرداد اوستا

زنده یاد محمد رضا رحمانی مشهور به مهرداد اوستا از شعرای معاصر

وفا نکردی و کردم، خطا ندیدی و دیدم

شکستی و نشکستم، بُریدی و نبریدم

اگر ز خلق ملامت، و گر ز کرده ندامت

کشیدم از تو کشیدم، شنیدم از تو شنیدم

کی ام؟ شکوفه اشکی که در هوای تو هر شب

ز چشم ناله شکفتم، به روی شکوه دویدم

مرا نصیب غم آمد، به شادی همه عالم

چرا که از همه عالم، محبت تو گزیدم

چو شمع خنده نکردی، مگر به روز سیاهم

چو بخت جلوه نکردی، مگر ز موی سپیدم

بجز وفا و عنایت، نمـــــاند در همه عالم

ندامتی که نبـــــردم، ملامتی کــــــه ندیدم

نبود از تو گریزی چنین که بار غــــــم دل

ز دست شکوه گرفتم، بدوش نالــــــه کشیدم

جوانی ام به سمند شتاب می شد و از پی

چو گرد در قــــــــدم او، دویدم و نرسیدم

به روی بخت ز دیده، ز چهر عمر به گردون

گهی چو اشک نشستم، گهی چو رنگ پریدم

م

وفا نکردی و کردم، بســـــر نبردی وبردم

ثبات عهـــــــد مرا دیدی ای فروغ امیدم؟

ایرج میرزا

ایرج میرزا جلال الممالک از شعرای نامور معاصر که اشعارش ورد زبان مردم است

شعری برای سنگ قبر خودش

ای نکویان که در این دنیایید
یا از این بعد به دنیا آیید
این که خفته است در این خاک منم
ایرجم ، ایرج شیرین سخنم
مدفن عشق جهان است اینجا
یک جهان عشق ، نهان است اینجا
عاشقی بوده به دنیا ، فن من
مدفن عشق بود مدفن من

آنچه از مال جهان هستی بود
صرف عیش و طرب و مستی بود
من همانم که در ایام حیات
بی شما ، صرف نکرم اوقات
بعد، چون رخت ز دنیا بستم
باز در راه شما بنشستم
گرچه امروز به خاکم ماواست
چشم من باز به دنبال شماست
بنشینید بر این خاک دمی
بگذارید به خاکم قدمی
گاهی از من به سخن یاد کنید
در دل خاک ، دلم شاد کنید

از بابا طاهر همدانی

بابا طاهر مشهور به عریان از شعرای نامدار نیمه اول قرن پنجم است

اگر دردم یکی بودی ، چه بودی
اگر غم اندکی بودی چه بودی
به بالینم حبیبی ، یا طبیبی
از این هردو یکی بودی چه بودی

تو که نوشم نه ای، نیشم چرایی ؟
تو که یارم نه ای پیشم چرایی ؟
تو که مرهم نه ای زخم دلم را
نمک پاش دل ریشم چرایی ؟

ز دست دیده و دل هردو فریاد
که هرچه دیده بیند ، دل کند یاد
بسازم خنجری ، نیشش زپولاد
زنم بر دیده تا دل گردد آزاد

اگر دستم رسد بر چرخ گردون
از او پرسم که این چون است و آن چون
یکی را داده ای صد ناز و نعمت
یکی را قرص نان آلوده در خون

بوره سوته دلان گرد هم آییم سخن واهم کریم ، غم وا نماییم
ترازو آوریم غم ها بسنجیم هر آن غمگین ترین ، وزنین تر آییم

از آن روزی که مارا آفریدی به غیر از معصیت چیزی ندیدی
خداوندا به حق هشت و چارت ز مو بگذر ، شتر دیدی ندیدی!

دو زلفونت بود تار ربابم چه می خواهی از این حال خرابم ؟
تو که با مو سر یاری نداری چرا هر نیمه شو آیی به خوابم ؟

مزار بابا طاهر در همدان زارتگاه عارفان و عاشقان

از بدیع الزمان فروزانفر

هر کس که در این جهان بُد از روز نخست

آسایش خویش جُست و این بود درست

عاقل دانـــد که گنج آســـــایش را

در کُنـــج کتابخانــــــه می باید جست

از ادیب برومند

عبدالعلی ادیب برومند که بیشتر اشعارش پیرامون مسایل ملی و میهنی و رویداد های سیاسی است و بدین جهت عنوان شاعر ملی براو نهاده اند

اسیر خیره سری های نفس خویشتنم
شکایت از که کنم چون عدوی خویشتنم
در این کشاکش هستی چه ناگواری هاست
که در عذاب بود تن ز جان و جان ز تنم
چو نیست فهم سخن حال من چه داند کس ؟
کجاست آنکه کند درک حالت از سخنم ؟
هزار خرمن گل در دیار غربت نیست
به دلنوازی سروی که رست در وطنم
مرا نیاز نباشد به سیر باغ (ادیب)
صفای دوست همانا گل است و یاسمنم

از بایزید بسطامی

ملقب به سلطان العرفا ، پدرش مجوس ولی او به دست امام علی ابن موسی الرضا مسلمان شد اورا بایزید اکبر گفته اند.

ای عشق تو ، کشته عارف و عامی را
سودای تو ، گم کرده نکونامی را

شوق لب میگون تو آورده برون
از صومعه ، بایزید بسطامی را

گر قرب خدا می طلبی دلجو باش
وندر پس و پیش خلق ، نیکو گو باش

خواهی که چو صبح صادق الفعل شوی
خورشید صفت با همه کس نیکو باش

ازبیضایی کاشانی
محمد علی بیضایی کاشانی از شاعران معاصر ، زاده آران کاشان

علم که با سعی و عمل خویش نیست   آن شجر بی ثمری بیش نیست
علم چراغی است که باید ترا   تا به عمل ره بنماید ترا
گر نروی راه و نگردی غنی   چیست ترا فایده زین روشنی
چون بود این شهر و اهالی گهر   قیمت آنهاست به جای دگر
حیف که در سعی و عمل ساده ایم   وز مدنیت عقب افتاده ایم
کوشش اغیار پی زندگی   گشته به ما مایه شرمندگی
چند سپاریم ز ناپاک و پاک   با کفن غیر ، پدر را به خاک
تا نکند سعی و عمل ترکتاز   کی وطن از غیر شود بی نیاز

از محمد تقی بهار (ملک الشعرا)

مخمد تقی بهار (ملک الشعرا) شاعر – ادیب – روزنامه نگار- سیاستمدار آزادی خواه – مبارز - پژوهشگر ادبی - مولف و مصنف کتاب های متعدد پروفسور فضل الله رضا اورا نابغه شعر و ادب پارسی خوانده است

بهار از معروفترین و مشهور ترین شاعران عصر ما است . در انواع قالب های شعر پارسی طبع آزمایی کرده است . امروزه کمتر شاعران به سراغ قصیده میروند بهار شاید آخرین قصیده سرای نامی ایران است . قصیده جغد جنگ که گویا آخرین قصیده او است بسیار زیبا و شیوا است . مضار جنگ را به نیکی نشان داده و از عواملی که در کار افروختن آتش جنگ هستند نام برده است .این قصیده چه از نظر لفظ و چه از جهت معنی و مضمون جالب و کم نظیر است

شاعران روزگاران گذشته به قصیده سرایی رغبت بسیار داشتند و قصاید جالبی از آنان به یادگار مانده است .یکی از قصیده سرایان نامی ، منوچهری دامغانی است قصیده جغد جنگ با اقتدا به قصیه منوچهری دامغانی پرداخته شده است

جغد جنگ

فغان ز جغد جنگ و مُرغوا ی او — که تا ابـــــــد بریده باد نای او
بریـــــــده باد نای او و تا ابد — گسسته و شکسته پرّ و پای او
ز من بریده کرد آشنای من — کز او بریده باد آشنای او
چه باشد از بلای جنگ صعبتر؟ — که کس امان نیابد از بلای او
شراب او ز خون مرد رنجبر — وز استخوان کارگر، غذای او
همی زند صَلای مرگ و نیست کس — که جان برد ز صَدمت صَلای او
همی دهد ندای خوف و می رسد — به هر دلی مَهابت ندای او
همی تَنَد چو دیوپای در جهان — به هر طرف کشیده تارهای او
چو خیل مور گرد پارهٔ شکر — فتد به جان آدمی عَنا ی او
به هر زمین که بادِ جنگ بروزد — به حلقها گره شود هوای او
به رزمگه خدای جنگ بگذرد — چو چشم شیر، لعلگون قبای او
به هر زمین که بگذرد، بگسترد — نهیب مرگ و درد، ویل و وای او
جهانخوران گنجبر به جنگ بر — مسلّط اند و رنج و ابتلای او
ز غول جنگ و جنگبارگی بتر — سرشت جنگباره و بقای او
به خاک مشرق از چه رو کند — ره جهانخوران غرب و اولیای او؟
به نان ارزنت بساز و کن حذر — ز گندم و جو و مس و طلای او
به سان گَه که سوی کهربا رود — رود زر تو سوی کیمیای او
نه دوستیش خواهم و نه دشمنی — نه ترسم از غرور و کبریای او
همه فریب و حیلت است و رهزنی — مخور فریب جاه و اعتلای او
غنای اوست اشک چشم رنجبر — بین به چشم ساده در غنای او
عطاش را نخواهم و لقاش را — که شومتر لقایش از عطای او
لقای او پلید چون عطای وی — عطای وی کریه چون لقای او
کجاست روزگار صلح و ایمنی، — شکفته مرز و باغ دلگشای او؟
کجاست عهدِ راستیّ و مردمی، — فروغ عشق و تابش ضِیا ی او؟
کجاست دَور یاری و برابری، — حیات جاودانی و صفای او؟
فنای جنگ خواهم از خدا — که شد بقای خلق بسته در فنای او

زِهی کبوتر سپید آشتی — که دل برد سرود جانفزای او

رسید وقت آن که جغد جنگ را
جدا کنند سر به پیش پای او

بهارِ طبع من شکفته شد چو من — مدیح صلح گفتم و ثَنا ی او
بر این چَکامه آفرین کند کسی — که پارسیِ شناسد و بهای او
شد اقتدا به اوستاد دامغان — « فغان از این غُرابِ بین و وای او»

از دکتر محمد رضا شفیعی کدکنی

استاد ادبیات دانشگاه تهران ـ شاعر ـ نویسند ـ پژوهشگر نامدار عصر ما

به کجا چنین شتابان؟

گون از نسیم پرسید
هوس سفر نداری
ز غبار این بیابان؟

- همه آرزویم اما
چه کنم که بسته پایم

. به کجا چنین شتابان؟
به هر آن کجا که باشد
به جز این سرا، سرایم

- سفرت به خیر اما تو و دوستی، خدا را
چو از این کویر وحشت به سلامتی گذشتی

به شکوفه ها، به باران
برسان سلام ما را

از فریدون مشیری
در شمار بهترین شاعران عصر ما

همه می پرسند:
چیست در زمزمه مبهم آب ؟
چیست در همهمه دلکش برگ ؟
چیست در بازی آن ابر سپید؟
روی این آبی آرام بلند،
که ترا می برد اینگونه به ژرفای خیال؟
چیست در خلوت خاموش کبوتر ها؟
چیست در کوشش بی حاصل موج؟
چیست در خنده جام؟

که تو چندین ساعت،
مات ومبهوت به آن می نگری ؟
نه به ابر ، نه به آب ، نه به برگ
نه به این آبی آرام بلند،
نه به این آتش سوزنده که لغزید به جام ،
نه به این خلوت خاموش کبوتر ها:
من به این جمله نمی اندیشم
من مناجات درختان را هنگام سحر،
رقص عطر گل یخ را با باد، نفس پاک شقایق را در سینه کوه
صحبت چلچله ها را با صبح
نبض پاینده هستی را ، در گنئم زار ، گردش رنگ و طراوت را در گونه گل ،
همه را می شنوم ، می بینم!

من به این جمله نمی اندیشم!
به تو می اندیشم ! ای سراپا همه خوبی!
تک و تنها به تو می اندیشم!

تو بدان این را ، تنها تو بدان ، تو بیا،
تو بمان بامن تنها تو بمان.
جای مهتاب به تاریکی شبها تو بتاب!
من فدای تو ، به جای همه گل ها تو بخند!

اینک این من که به جای تو در افتادم باز.
ریسمانی کن از آن موی دراز، تو بگیر ، تو ببند، تو بخواه!
پاسخ چلچله هارا تو بگو . قصه ابرهوارا تو بخوان، تو بمان با من ، تنها تو بمان.
در دل ساغر هستی تو بجوش!
من ، همین یک نفس از جرعه جانم باقی است
آخرین جرعه این جام تهی را تو بنوش!

از نیما یوشیج

زنده یاد علی اسفندیاری (1897 – 1960) ملقب به نیما یوشیج از نو آوران شعر پارسی است او بدون اعتنا به قواعد عروضی ، شیوه نوی در شعر پارسی بنیان گذارد که خود بر آن نام شعر نو نهاد این شیوه در آغاز با مخالفت ها و انتقاد های بسیار روبرو شد . سر انجام مقبولیت یافت و بسیاری از شاعران معاصر به شیوه او به نوشتن شعر پرداختند.

شعری ازا و خوانده می شود

می تراود مهتاب - می درخشد شبتاب
نیست یک دم شکند خواب به چشم من و لیک ،
غم این خفته چند ،
خواب در چشم ترم می شکند.

نگران ، با من استاده سحر ـ صبح، می خواهد از من،
کز مبارک دم او ، آورم این قوم بجان باخته را بلکه خبر
در جگر، خارلیکن ،
از ره این سفرم می شکند.
نازک آرای تن ساق گلی ، که به جانش کشتم ، ـ و به جان دادمش آب ، ای دریغا ببرم می شکند
دست ها می سایم ، ـ تا دری بگشایم ، ـ برعبث می پایم ، ـ که به در کس آید،
در و دیوار بهم ریخته شان ، ـ برسرم می شکند.
می تراود مهتاب   می درخشد شبتاب ـ
مانده پای آبله از راه دراز   بر دم دهکده مردی تنها
کولبارش بر دوش ،   دست او بر در ، می گوید با خود
«غم این خفته چند ـ
خواب در چشم ترم می شکند»

و شعری در قالب سنتی:

میر داماد

میر داماد ، شنیدستم من
که چو بگزید بن خاک وطن
بر سرش آمد و از وی پرسید
«من ربک من » ملک قبر که من
میر بگشاد دو چشم بینا
آمد از روی بصیرت به سخن:
اسطقسی است ـ بدو دادجواب ـ
استقسات دگر زو متقن!
حیرت افزودش از این حرف ، ملک
برد این واقعه پیش ذوالمن
که زبان دگر این بنده تو
می دهد پاسخ ما در مدفن
آفریننده بخندید و بگفت
تو به این بنده من حرف نزن
او در آن عالم هم زنده که بود
حرف ها زد که نفهمیدم من !!

از فریدون توللی

شاعر – نویسنده - باستان شناس – فعال سیاسی
فریدون توللی از کوشندگان در راه قالب آزاد شعر پارسی است
در آغاز به شیوه پیشنهادشده توسط نیمادلبسته بود
بعد ها خود شیوه دیگری بر گزید به هر حال او از طرفداران تحول ادبی است.
در کتاب (التفاصیل) او قطعاتی به سبک گلستان سعدی خوانده میشود که جالب است

شعر { کارون) را می خوانیم

کارون

بلم آرام چون قویی سبکبار
به نرمی بر سر کارون همی رفت
به نخاستان ساحل قرص خورشید
ز دامان افق ، بیرون همی رفت

شفق بازیکنان در جنبش آب
شکوه دیگتر و راز دگر داشت
به دشتی پر شقایق باد سرمست
تو پنداری که پاور چین گذر داشت

جوان پارو زنان بر سینه موج
بلم می راند و جانش در بلم بود
صدا سر داده غمگین در ره باد
گرفتار دل و بیمار غم بود

«دو زلفونت بود تار ربابم ؟
چه می خواهی از این حال خرابم»
«تو که با ما سر یاری نداری
چرا هر نیمه شو آیی به خوابم»

درون قایق از باد شبانگاه
دو زلفی نرم نرمک تاب می خورد
زنی خم گشته از قایق بر امواج
سر انگشتش به چین آب می خورد

صدا چون بوی گل در جنبش آب
به آرامی به هر سو پخش می شد
جوان می خواند سرشار از غمی گرم
پی دستی نوازش بخش می گشت

«تو که نوشم نیی نیشم چرایی ؟
تو که یارم نیی ، پیشم چرایی»
«تو که مرهم نیی زخم دلم را ؟
نمک پاش دل ریشم چرایی»

خموشی بود و زن در پرتو شام
رخی چون رنگ شب نیلوفری داشت
ز آواز جوان دلشاد و خرسند
سری با او ، دلی با دیگری داشت

ز دیگر سوی کارون زورقی خرد
سبک بر موج لغزان ، پیش می راند
چراغی کور سو می زد به نیزار
صدایی سوزناک از دور می خواند

نسیمی این پیام آورد و بگذشت
«چه خوش بی مهربانی هردو سر بی»
جوان نالید زیر لب به افسوس
«که یکسر مهربانی ، درد سر بی»

نادر نادر پور
شاعر – سخنور – فعال سیسی

کهن دیارا ، دیار یارا ! دل از تو کندم ، ولی ندانم
که گر گریزم ، کجا گریزم ، وگر بمانم ، کجا بمانم
نه پای رفتن ، نه تاب ماندن ، چگونه گویم ، درخت خشکم
عجب نباشد ، اگر تبرزن ، طمع ببندد در استخوانم
درین جهنم ، گل بهشتی ، چگونه روید ، چگونه بوید ؟
من ای بهاران ! از ابر نیسان چه بهره گیرم که خود خزانم
صدای حق را ، سکوت باطل ، در آن دل شب ، چنان فرو کشت

که تا قیامت ، درین مصیبت ، گلو فشارد ، غم نهانم
کبوتران را ، به گاه رفتن ، سر نشستن ، به بام من نیست
که تا پیامی ، به خط جانان ، ز پای آنان ، فروستانم
سفینه ی دل ، نشسته در گل ، چراغ ساحل ، نمی درخشد
درین سیاهی ، سپیده ای کو ؟ که چشم حسرت ، در او نشانم
الا خدایا ، گره گشایا ! به چاره جویی ، مرا مدد کن
بود که بر خود ، دری گشایم ، غم درون را برون کشانم
کهن دیارا ، دیار یارا ، به عزم رفتن ، دل از تو کندم
ولی جز اینجا وطن گزیدن ، نمی توانم ، نمی توانم !

دختر جام

همچون ونوس کز صدفی سر برون کشید
دامن کشان ز جام شرابم برآمدی
یک لحظه چون حباب شراب آمدی به رقص
و آنگاه کف زنان به لب ساغر آمدی
آن شب ، اتاق من به مثل جام باده بود
درهای بسته چون دو لب ناگشوده بود
نور چراغ من به مثل رنگ باده داشت
رخسار پرده آن همه چشم گشاده داشت
من همچو موجی آمدم و خواندمت به رقص
اما تو چون حباب ، سراپا شدی نگاه
چشمان نیم خفته ی تو چون صدف شکفت اشکی در آن نشست ز اندیشه ی گناه
گفتم : نگاه کن این در گشوده شد این در که پلک چشم تو باشد ، گشوده شد.
حرفم ز بیم پرده دری ناتمام ماند.
می ماند و جام ماند
در باز شد خموش و ، تو بی هیچ گفتگو آرام و پر غرور ، به سویش روان شدی
چون یونسی که در دل ماهی فروخزید   بار دگر ، به جام شرابم نهان شدی
اینک تو رفته ای   افسوس ، با تو رفت مرا آنچه مانده بود
افسوس ، با تو رفت   دیگر کسی نماند که اندوه عشق او - دمساز من شود
دیگر کسی نماند که یاد عزیز او-   در این سکوت سرد ، همآواز من شود
افسوس ، با تو رفت   افسوس ، با تو رفت مرا آنچه مانده بود

نصرت رحمانی
شاعر نو گرا – روز نامه نگار – داستان نویس

شعری از نصرت رحمانی

رقصید - پر زد، رمید
از لب انگشت او پرید - سکه - گفتم :خط
پروانهٔ مسین پرواز کرد - چرخید، چرخید
پر پر زنان چکید؛ کف جوی پر لجن.
تابید، سوخت فضا را نگاه ها - برهم رسید
در هم خزید
در سینه عشق های سوخته فریاد می کشید : ای یاس، ای امید ! آسیمه سر
بسوی " سکه " تاختیم
از مرز هست و نیست
تا جوی پر لجن
با هم شتافتیم
آنگه نگاه را به تن سکه بافتیم . پروانهٔ مسین
آیینه وار !بر پا نشسته بود در پهنهٔ لجن
! وهر دو روی آن خط بود
خطی بسوی پوچ، خطی به مرز هیچ
اندوه لرد بست
در قلبواره اش
و خنده را شیار لبانش مکید و گفت : پس ... نقش شیر ؟
رویید اشک
خاموش گشت، خاموش
گفتم : کنام شیر لجن زار نیست، نیست
! خط است و خال
گذرگاه کرم ها
اینجا نه کشتگاه عشق و غرور است
میعادگاه زشتی و پستی ست

احمد شاملو

شاعر نوگرا – نویسنده – روزنامه نگار - پژوهشگر ادبی - فعال سیاسی – منتقد

شبانه

من سرگذشتِ یأسم و امید
با سرگذشتِ خویش : می مُردم از عطش،
آبی نبود تا لبِ خشکیده تر کنم
می خواستم به نیمه شب آتش،
خورشیدِ شعله زن به درآمد چنان که من
گفتم دو دست را به دو چشمان سپر کنم
با سرگذشتِ خویش
من سرگذشتِ یأس و امیدم.

...تو را دوست می دارم
طرفِ ما شب نیست
صدا با سکوت آشتی نمی کند
کلمات انتظار می کشند
من با تو تنها نیستم، هیچ کس با هیچ کس تنها نیست
شب از ستاره ها تنهاتر است

...میانِ کتاب ها گشتم
میانِ روزنامه های پوسیده ی پُرغبار،
در خاطراتِ خویش
در حافظه یی که دیگر مدد نمی کند
خود را جُستم و فردا را
عجبا ! جُستجوگرم من
نه جُستجو شونده
من این جایم و آینده
در مشت های من !

کلام آخر

کلام آخر

این کتاب ، دفتر چهرم از دیوان پروفسور فتحی است مانند سه کتاب پیشین با کاغذ مرغوب و چا پ دلپسند تدوین شده است کتاب دارای 224 صفحه و حاوی اشعار در قالب ها و بحور گوناگون است شاعر در این کتاب بیشتر به سراغ مطالب اجتماعی ، ادبی و سیاسی رفته است . اشعاری در سوگ سیمین بهبهانی بانوی نامدار شعر معاصر ، دکتر جواد هیات جراح و رییس بیمارستان که روزگاری در بیمارستان او کار میکرده ، خانم فریده فهید و همچنین اشعاری خطاب به دوستان و آشنایان دیده می شود

تفاوت جالبی که اشعار این کتاب با کتاب های پیشین دارد رویکرد شاعر به سوی مسایل سیاسی روز است . شجاعانه و بی پروا از برخی زمامداران در لباس شعر انتقاد کرده است

گفته اند که شاعر باید آیینه عصر خویش باشد . در این کتاب پروفسور فتحی این چنین جلوه گر شده است . شاعر در مقدمه نوشته است :

« اشعار انتقادی ایران و آمریکا و غیره گاهی به صورت طنزسروده شده ولی آزادی کلام در همه آنها بکار رفته وسعی شده است به ملیت ها و مذاهب مختلف دنیا، بخصوص باورها و عقاید آنان توهین نشده باشد و در عین حال ساده و قابل فهم باشد از کلمات مشکل و سخت برای اینکه خواننده را خسته نکند جلو گیری شده است »

اچند شعر از این کتاب را می خوانیم :

کلام آخر ؟ !

خوش آن زمان که در ایران کتاب و دفتر بود
حکایت دل من در شــــراب و ساغر بود
شعاع پرتو چشـــــم تو می ربــود دلم را
لب تو لعل و زبانت چو شیـــر و شکر بود
حضور من به در دیــر بود و میکده هـــا
نگاه من به نگاه ظـــــــریف دلبـــر بود
در آن وطن ، نظــر مــن به حافظ و سعــدی
نظامی و اســــــدی ، انــوری و داور بود
در آسمـــــان بشمــــــردم ستارگان هرشب
چو مشتری و زحل ؛ صـــد هزار اختر بود
هنر به گفته ما علــم و دانش و ادب است
خوش آنزمان که هنرمنــد بود و برتر بود
کجا شد آن همه دانش کجا شد آن همه فضل
کجـــاست یار و ندیمی که یار و یاور بود
ترابه عشق قسم میدهم که حرف من این است
که عشق بر لب مـــــا آن کلام آخــر بود
بگو به ماه من امشب بیـــا به میخانــه
بگو به جمع که مـــارا کتاب و دفتــر بود

غروب ونکور

ونکور از شهرهای کشور کانادا است

شاعر وصف غروب آن جارا در سروده ای آورده است

اسمان نقره و زر را بهم آمیخته بود	سرخی و زرد و سپیدی که بهم ریخته بود
شهر ونکور و مغرب ، چه تماشا دارد	صورت مهر به همراه مه آویخته بود
ساعت شش شد و کهساربدانسان روشن	نور خورشید گشوده است به گلها دامن
مرغکان در زبر آب به پرواز شده	ماهیان در ته دریا ، همه در رقص چو من
ساکنان حرم حسن به سجاده مقیم	زایران کرم قدس به محراب سهیم
کشتی و قایق و دریا ، همه رویا همه عشق	موج در موج به جزر و مد هر روزه ندیم
صورت ماه در آن آینه آب دمید	آب با دیدن آن چهره برافراخت و دید
دین و دنیا همه از دست بدادم آن روز	با چنان مغرب زیبنده که از راه رسید

دروغ مرسوم است !

برو که درد تورا من کشیده ام ، تو ندانی	برو که ناز تو را من خریده ام تو ندانی
تو قلب پاک نجویی ، تو راه راست نپویی	به رنج های دل تو رسیده ام تو ندانی
چه گفته ام که گرفتار و مبتلا شده روحت	زبام عشق دروغین ، پریده ام تو ندانی
زبان چرب تو داری ، تعارفات تو دانی	که مـــزه سخنانت چشیده ام تو ندانی
چه پند ها که ندادم ، چه رازها که نگفتم	چه قصه های تو یکسر شنیده ام تو ندانی
شکایتی که تو کردی ز دوستان قد یمت	ز دوستـــان و رفیقان ندیده ام تو ندانی
کجا روم به که گویم دروغ مرسوم است	از آن مکان که تو هستی ، بریده ام تو ندانی

برو که دست خـــدا همره و نگهبانت

که من ز سختی دنیا خمیده ام تو ندانی

مهربانی و معلم

زخمه ز تار بشنو و نغمه گرم نای را
ورزش کودکان نگر خنده و هوی وهای را
رو به کلاس و مدرسه کودک خرد را ببین
الفت و خوش زبانی و خنده در آن سرای را
درس ادب اگر دهی با همه مهربانیت
خوی خوش و صفای خوش کودک تازه رای را
با همه محبت و عشق و علاقه کار کن
مهر و وفا نشان بده، درس مده خطای را
کودک دانش طلبی علم بیاموز و برو
تاکه به ثبت اوفتد آن دفتر شکر و ثنای را
در همه تدریس خود درس محبت بده
ورنه ترا در بهشت نیست دگر جای را
خنده زدن به کودکان کار معلمان بود
کز عمل و صفای تو خنده دهد خدای را
شمس چو سر زد از افق طفل گرسنه می‌شود
بهر عزیز خود ببر شکر و نان و چای را
کار معلم و ادیب خوبی و مهربانی است
یاد مده به کودکان زجر و ستم بلای را
«درس ادیب اگر بود زمزمه محبتی»
«جمعه به مکتب آورد طفل گریز پای را»

مشاعره با الفبا بنام پروردگار

الف

اول دیــــوان بــنام ایــزد مــنّان　　حافظ جـان و تـن مـن و هـمه ایـران

ب

بـاعث ایـجاد خـلق وکـل سـماوات　　زهره و خورشید و مـاه و اخـتر تـابان

پ

پـرده نگـهدار راز و رمـز عـزیزان　　سّـر کـبیر و صغیر و عـالم و نـادان

ت

تـا لب مـن بـاز شـد بشکـر خـدایم　　گفت که شکرانه ات رسـید بـه یـزدان

ث

ثانیه‌ها رفت و رحـمتش هـمه جـاری　　درکف مـردم و یـاکـه دست یـتیمان

ج

جسم مـن وتـو دعـاکـنند بـه جـانش　　آن متفکر خدای خوش دل و خـندان

چ

چـاره تـنهائی مـن و تـوکـه دانـد؟　　اوکــه هـمیشه بـمانده یکه و پـنهان

ح

حـافظ دار و نـدار و حـامی کشـور　　رهـبر بـیچارگان و جـمع گـدایـان

خ

خـامه او در عـدالت است و مـحبت　　نـامه او بـر مـن و تـو و هـمه یکسـان

د

دام بــرای کسـی نکـرده مـهیا　　دانــه مــهیا نــموده بــهر ضـعیفان

ذ

ذلت و خواری نـدیده در هـمه عـمر　　مردی و مردانگی است خصلت ایشـان

ر

راه غــلط نــیست راه راست عــزیزم　　دشــمن ابـلیس بـوده در دل انسـان

ز

زاده کس نیست این مدّبر دانا آنچه که گوید بگوش گیر فراوان

ژ

ژاله فروریخت برسر گل و سنبل روح ببخشید در سراسر بستان

س

سایه حق بر سر تمام عزیزان تا ابدالدهر این دعا بتو ارزان

ش

شهره شهری و عاشقم بتو یا رب فخر کنم زین عطوفت تو به کیوان

ص

صبر کنم تا که صورت تو ببینم چهره تو پاک‌تر ز قطره باران

ض

ظاهر من گرچه نیست پاک و مصفا باطن ما را تو دانی ای مه رخشان

ط

طایفه‌ای قدر رحمت تو ندانند نیست در آن قوم سست حرفی از ایمان

ظ

ظالم اگر نام تو به لفظ نیاورد خائن و شیاد و کاذب است و پریشان

ع

عارف پردانش زمانه مائی عاجز و عبدیم در حضور تو پژمان

غ

غیر ترا من ستایشی نتوانم خالق دهری و نیست مثل تو ای جان

ف

فهم و شعور ترا کسی که ندارد در همه ابعاد ازگدا و ز اعیان

ق

قابل درک تو نیست آدم و حوا فهم و شعوری نداده‌ای تو به شیطان

ک

کاظم اگر دیده یک انرژی کامل در تو نهفته است و جلوه داده به ادیان

گ

گـاه بـدنبال تـو چـراغ بـدستم
ل
لیک تـو در آسـمان و بـحر و بـیابان

لاجرم افسوس می‌خورم که چه کس دیـد
م
چـهره زیـبای تـو بگـوشه ایـوان

من همه شب ناله مـی‌کنم کـه خـدایا
ن
رخ بـنما تـا کـنیم گـیسو افشـان

نـام تـرا هـر کسـی شـنید پسـندید
و
گفت که مـا را بـبر بـه مسـند رضـوان

وای بروزی کـه مـن نـدانـم و گـویم
ه
نـام عـظیم تـرا بـه جـوخه رنـدان

هر چه خطا کـرده‌ام بـبخش و بـیامرز
ی
تا توگنه بخش در جهان هـمه حـیران

یـاد تـو شـد یـادگار دفـتر شـعرم
عشق تو شـد مـاندگار کـاغذ و دیـوان

پیکرتراش

پیکرتراش نقش ترا می‌کشید و من
فریاد می‌زدم که نه این نیست یار من

بر مرمری دو چشم سیه سایه می‌زدند
اما نبود مثل دو چشم نگار من

چین و چروک گوشه لب‌های چون گلش
اصلاً شبیه خنده پروانگان نبود

در زیر سایه‌های دو پستان به سینه اش
دیگر نشان ز وسوسه عاشقان نبود

اندام او که جلوه فصل بهار بود
اکنون خمیده بود و چو پائیز زرد و سرد

آن ساق و ران پرهوس برف فام او
لاغر بزیر زانوی زیبایش پر ز درد

موی مجعدی که به هر شانه ریخته
اکنون شکسته گشته و بی رنگ و تار بود

آن قامتی که در خور تقدیس شاه بود
دیدم شکسته خسته چه زار و نزار بود

بی آنکه شکوه ا بگشایم به بت تراش
حلق و زبان خویش از این شکوه بستمی

آنرا خریدم و به دوصد رشته بستمی
در خانه باز کردم و یکسر شکستمی

دیدم دگر که پیکر رعنای مهوشم
بازم شبیه پیکر آن ماهرو نبود

پیکرتراش مفتخر از این که ساخته
یک پیکری ز مرمر اما که او نبود

سگ ولگرد

به شهری دور دیدم یک سگی در معبر افتاده
کنارش کودکانش هر یکی لاغر عقب مانده
سگ بیچاره و مضطر نشسته گرسنه تشنه
بگردن داشت یک زنجیر چرمی همچو قلاده
بدورش کودکان بی غذا مظلوم و بی یاور
چو در پستان ندارد شیر و آواره در آن جاده
ولی او پاسدار کودکان می‌باشد و هر دَم
چنان می‌بوسد و می‌لیسد آنان را که او زاده
کجا فردی در این کشور کند رحم و دهد نانی
ترحم نیست در عمامه و نعلین و لباده
به حیوانی کمک کردن خصوصاً آن نجس سگ ها
نه اینجا پر از آدم خوار و انسان کش و جلاده
در این اثنا یکی مرکب پر از حیوان کشان آمد
سگان را بار کرد و برد آنجائی که شداده
چو مرکب بود پر از این سگان بی مکان یکجا
همه زوزه کشان از کودکان نر و یا ماده
به قبرستان سگها تا رسیدند این سیه پوشان
سگان را یک بیک کشتند با تیری به سر ساده
سپس جلاد بی انصاف بعد از کشتن سگها
بدستش بود یک لیوان پر از الکل و باده
چو فردا شد نوشتند این سجایا را به دفترها
بهر نوعی که می‌دانید آنرا در خبر داده
چرا باید سگ معصوم را کشتن بدین زاری
از اینجا رانده و مانده بدستورات فرمانده
بحکم پاسبانی با وفائی مهربانیها
بدنبال تو می‌آید و یا دنبال عراده
نمی‌گفتند در اخبار از عشق و وفای سگ
نگفتند اینکه این حیوان زیبا را خدا داده

از جا بلند گشت و از آن کافه دور شد
گفتم برو پسر که مگر دربدر شود
دیدم که او گدای بدوران رسیده ایست
رفتم کنار تا که گدا در سفر شود
یارب روا مدار گدا معتبر شود
گر معتبر شود ز خدا بی خبر شود

«به یاد حافظ لسان‌الغیب»

تویی آن که برترینی به فصاحت کلامت
منم او که عشق ورزد به ظرافت بیانت
غزلی که می‌سرودی همه پُر ز عمق و معنا
سخنی که ساز کردی همه گلشن بلاغت
ز روایتی که گفتی همه از مفتی و زاهد
چه حقیقتی که سُفتی، سخنی پر از صداقت
اثری که از تو مانده به خدا خلل ندارد
تو چه پندها که دادی به گروه بی‌اصالت
اگر از دلالت تو نشود هدایت این دل
همه عمر در عذابند و خجالت و ندامت
به فقیر ره ندادند و عبادتی نکردند
چه جواب دارد این قوم به محشر و قیامت
چه کنم که دور هستند هم از دلالت تو
چه کنم که گوششان کر همه از مهر و عدالت
تو که حافظی و شعرت به مثال شیر و شکر
تو بخواب در امان و بنگر به این جماعت

همه در تکاپوی مسند و قدرت و منالند
تو نظر به شعر خود کن به لطافت و کرامت
تو که در بهشت هستی و کفایت تو مشهود
نظری به سوی ما کن به مساحت شهامت
که هنوز مردم ما به خرافه میل دارند
که هنوز مانده در عمق رذالت و جهالت
همه عمر آرزویم که خرد رسد به آن‌ها
که تفکری بسازند و شوند با سعادت
به سلیسی کلامت تو لسان غیب هستی
همه سوگند که مردی به فصاحت و بلاغت
به ولایتی که رفتی همه دور از رقیبان
به عنایتی که کردی تو بمان بر آن سلامت
به اهانت و جسارت که برفت گاه گاهی
به حضورت ای مدرس تو ببخش از نجابت
به سعایتی که کردند دلت نگیرد ای جان
که بر آن صباوت خود همه گفته کرده عادت

تو عزیز مردم ما و رئیس علم و دانش
تو بمان برای یاران همه عشق و رای و رأفت
به زبان بی‌زبانی تو که حافظ جهانی
تو نشین به تخت جمشید و وزارت و صدارت
تو به شعر من بیافزا رقمی از آن درایت
که دگر نباشم آنقدر به تحصیل طبابت

«دیدار دیگری از میهن»

باز هم دوباره رفتنِ ایرانم آرزوست / دیدار یار و رؤیتِ طهرانم آرزوست
در کوچه‌های شهر به دنبالِ کویِ یار / در جست‌وجوی کوی و خیابانم آرزوست
در باغ رفته زیر چناری به روی فرش / بنشسته‌ایم و قوری و فنجانم آرزوست
دستی به زلف یار و همان گیسوی سیاه / چشمی به چشم دلبر جانانم آرزوست
نان و پنیر و سبزی و ریحان و گردوئی / با آن کباب سبزی و ترخانم آرزوست
از حافظ و ز سعدی و فردوسی بزرگ / دیوان آن عبیدی زاکانم آرزوست
از روس و چین همه بیزارم ای رفیق / مرگی برای چکش و سندانم آرزوست
باید کنون که یاد دلبران کنم عزیز / اسفندیار و رستم دستانم آرزوست
هرچند سال‌ها به بیابان هدر شدم / بازم کنون به دشت و بیابانم آرزوست
با سرو بوستان بنشستیم لحظه‌ای / یکسر هوس به دشت و شبستانم آرزوست
در باغ شب لمیدم و بر آسمان نظر / در آسمان به اختر تابانم آرزوست
در نیمه شب شنیدن بلبل به صوت ناز / در صبحگه به مرغ غزل خوانم آرزوست
دستی به شاخهٔ گل، نظری باز بر نهال / اندر کنار بوته و گلدانم آرزوست
از گوجه‌های باغ چشیدم، چه مزه‌ای / هر دم کمی نمک و نمکدانم آرزوست
بار دگر به کشور اجدادی‌ام قسم / دانم نبوده‌ام ولی از آنم آرزوست
«دی شیخ با چراغ همی گشت دور شهر / کز دیو و دد ملولم و انسانم آرزوست»

«الهام از شعر شهریار»

شهریارا تو که بگذشتی و بگذاشتی اش باد گران　　رفتی از کوی وی آواره شدی دور جهان
تو گذشتی و گذشت آنچه که وی با تو نمود　　تازه گفتی که بمان وای به حال دگران
رفتی و دیدهٔ گریان تو از شرق به غرب　　نتوان دید چو اشکت ز کران تا به کران
فکر کردی که تو صاحب‌نظری خواهی یافت　　که نباشد همه کوته‌نظر و چشم‌چران
دل تو آینهٔ اهل صفا را بشکست　　که ز خود بی‌خبرند این ز خدا بی‌خبران
دل تو بود بر آن حلقهٔ گیسوی سیه　　یادگاری که بماند غم شوریده سران
حسرت و غم همه در باغ دلت می‌افروخت　　که تو مغموم شوی یکسره چون خون‌جگران
ره بیداد گزید و به تو افزود ستم　　ورنه کی از تو کسی دید بجز مهر و امان
سهل و آسان که نبُد رفتن و بگذاشتنش　　لیک گفتی که همین است جهان گذران
شهریارا غم عشق تو همه دل‌ها سوخت　　شورها در دلت انداخت از اندوه گران
هرچه گفتی همه از آن زن بی‌تدبیر است　　او که نشناخت تورا رفت به سوی دگران
شهریارا دل من سوخت ز اندوه زیاد　　دل هر پاکدلی سوخت بر آن سوز گران
من که می‌لرزم از آن زلزلهٔ شعر غمین　　وای بر تو که تحمل کنی این دشنه به جان

«**گلریزان** از استاد شعر: **نوشا ذکائی**»

به دوست دانشمندم پروفسور «کاظم فتحی» طبیب ادیب،
با سپاس بسیار از دستخط مهرآمیز و وصول دیوان شعر«کلام آخر» که بسی خوش نقش و نگار با سروده‌های زیبا و دلنشین است، غزل «گلریزان» پیشکش می‌شود.

رسید خط و کتابِ «کلامِ آخرِ» تو — روَاست گُل بفشاند بهار بر سر تو
ز بیت بیتِ غزلهای تو شدم سرمست — ز باده، باد لبالب سبو و ساغر تو
ز شور عشق و غمِ غربت و وطن یاری — چه نکته‌ها که من آموختم ز دفتر تو
چه نقش‌های بدیع و چه واژه‌های بلیغ — نهاده آینه ماه در برابر تو
عجب نباشد اگر سرورِ سپاهانی — که قدر شهد شکسته است تُنگ شکّر تو
در آسمان ادب نام کاظمِ فتحی است — که یادگار بماند میان دفتر تو
«کلامِ آخرِ» تو قطره‌ایست از دریا — خدایرا، که نباشد کتابِ آخر تو
به یاد مهر تو «نوشا» است ای ادیبِ طبیب — بنازم آن دلِ بیدار و ادیب پرورِ تو

چهارم تیرماه ۱۳۹۷ خورشیدی
۲۵ ژوئن ۲۰۱۸
نوشا ذکائی

«خدمت به خلق»

چنان غمین شدم از دهر و نیست حوصله‌ای   که شعله‌ای بفروزم برای قافله‌ای
به این جهان که نوشتند دار فانی هست   هزار مشغله دارم ولی نه یک گله‌ای
پرنده‌ای به سر بام آمد و پر زد   دگر نه بلبلی آید نه باز و چلچله‌ای
اساس هستی دنیا و بودن من و تو   برای درک بشر باز گشته مسئله‌ای
چرا که نیست میان من و خدای زمان   چرا نبینمش اینجا چرا که فاصله‌ای
گمان من همه این بود روزی آید پیش   که ما به شوق ببینم رأس سلسله‌ای
ولی من آمدم اینجا برای خدمت خلق   رسیده‌ام همه بر بینوا و حامله‌ای
به خانمی که شده باردار و می‌نالد   به قدرتی که توانم حضور قابله‌ای
کنون که پیر شدم قدرتی نمانده مرا   که بپرم زمکانم به عشق مشغله‌ای
دوندگی به سر آمد دو پای من خسته است   نگه به تاول پا کن نشان آبله‌ای

«رباعیات»

دنیا و زمان نمانده بر کس ای دوست　　　　نیکی به جهان همیشه بر دوست نکوست
تا در بدنت هست سر و سینه و پوست　　　　نیکی کن و نیکی که عبادت بر اوست

***

تا کی غم قلب و دست و پا را بخوریم　　　　یا درد کمر، و کلیه‌ها را بخوریم
بگذر ز غم و شکایت درد و مرض　　　　می نوش و بیا آب و هوا را بخوریم

***

در محضر عالمی نشستم من دوش　　　　گفتم که مگر علم نمی‌خواهد هوش
گفتا که سخن مگوی و می‌باش خموش　　　　از کس تو سوالی مکن و باش دو گوش

***

گفتم به خداوند خدا بنده شدیم　　　　گفتا که بلی، بندهٔ یکدنده شدیم
گفتم که خداوند تو را می‌بخشد　　　　گفتا که چه بخششی و در خنده شدیم

***

افکار خدا را نه تو دانی و نه من　　　　انگیزهٔ او را نه تو خوانی و نه من
وین حلّ معما نه تو دانی و نه من　　　　بهتر که فراموش کنی بحث و سخن

تا چشم تو دید دیده حیرانم کرد		با دیدن آن چشم پریشانم کرد
آشفته شدم واله و پژمانم کرد		آن خوی بدات باز پشیمانم کرد

***

اندر طلب‌ات یکسره من جان دادم		هم مهر و وفا و دین و ایمان دادم
در نزد تو من نشسته پیمان دادم		دریای هوس بود چه ارزان دادم

***

بر مزرعهٔ عمر نگاهی کردم		بر کِشتهٔ خویش رفته آهی کردم
دیدم که تمام آن چه من کاشته‌ام		نشکفته و من عجب گناهی کردم

***

آسوده نشین که رسم دنیا این است		از آمدن و رفتن ما تأمین است
یک دسته قشنگ و خوب و زیبا رفتند		یک دسته وجودشان همه ننگین است

***

دیدم که جزیره را تو می‌دزدیدی		گفتم که از این جزیره کِی بد دیدی؟
خواهی که جزیره را به چین بفروشی		از عاقبت کار نمی‌ترسیدی

***

از روس و ز انگلیس پرهیز سزاست		پرهیز ز انگلیس هم امر خداست
بس نیست ضررها که کشیدیم از او		امروز بشر نشانهٔ تیر بلاست

انگلیس‌وروس‌وچین‌در کشورماحاکم‌اند　　زر پرستان وطن هم عالم و هم ظالم‌اند
کشور ما شد مکان و مرکز داد و ستد　　می‌فروشنداین‌وطن‌زاهر که آمدحاضراند

***

در صف مردان کشور نیستی ای بی‌حیا　　شرم کن، پوزش‌بخواه‌ازآن‌چه کردی‌برملا
مردم ما مردم ایرانی‌الاصل‌اند و بس　　از کجایی تو که ایران می‌فروشی در خفا

***

شاهدم من گنبد و گلدسته را کردی بپا　　شاهدم من گنبد و گلدسته از جنس طلا
مردم این ملک تشنه، گرسنه، بی‌خانمان　　پول ملت را فرستادی به شهر کربلا

***

گر خدایی هست می‌داند که ایران کهن　　سال‌ها استاده محکم در جدال اهرمن
او که‌می‌داندتودادی‌دردوغم،رنج‌ومحن　　بر جوانان غیور و افسران پیل تن

***

حفظ این کشور برای مردمان آسان نبود　　حفظ آن فرهنگ هم در نزد ما ارزان نبود
آمدی برهم زدی آن قدرت و فرهنگ ما　　از عرب درس گرفتی لایق انسان نبود

***

ما درس امام را نکردیم پسند　　او داد به عمامه به سرها این پند
گر مردم ما ز باطن آگاه شوند　　ریزند شما و دیگران را در بند

در کارگه کوزه‌گری رفتم دوش   دیدم دوهزار کوزه بی‌جوش و خروش
هریک به زبان بی‌زبانی با هوش   پرسند کجا رفته عمو کوزه‌فروش

***

هر کوزه کنار کوزهٔ دیگر مست   یک کوزهٔ نو رسید و آنجا بنشست
پرسید چرا بقیه مست‌اند اینجا   گفتند شراب خورده هر کوزه شکست

***

در دامن گل نشستم و شاد شدم   از رنج و غم زمانه آزاد شدم
دیدم که هنوز بلبلان در قفس‌اند   یکباره به یاد ظلم صیاد شدم

***

افسوس که دوران جوانی بگذشت   آن وجد و نشاط و شادمانی بگذشت
آن شور و شعف مثال آنی بگذشت   آنی چه کنم که زندگانی بگذشت

***

بر دوست مزن طعنه که از قزوین است   یا رشتی و ترک و زادهٔ نائین است
هر شهر که او زاده شده شهر خدا است   او زادهٔ شهر خالق بی‌کین است

***

هر کس به حساب خود بشر بوده و هست   اغلب عقب دفع شرر بوده و هست
امروز به فکر قیمت کالاهاست   دنبال همان نفع و ضرر بوده و هست

«یادی از سعدی»

تو که سعدی زمانی چه کنی بر آدمیت
که اسیر درد گشته همه در غم و شکایت

تو سخن از آدمیت زدی و کسی نداند
که تو تا ابد نبینی اثری از آدمیت

همه در پی مداوای دل غمین و خسته
همه در مسیر بی‌راهه و در درون شماتت

تو هزار داستان را به کتاب گلستانت
بنوشتی و نمودی همه را تو یک حکایت

تو شروع کردی از نام خدا در این گلستان
همه مدح او بگفتی چه خوش است آن روایت

به کدام دفتری آمده این همه عجایب
که تو با بیان زیبا برسانده‌ای به غایت

کلمان این گلستان چه مبرهن است و زیبا
چه وزین و خوش عبارت که تو کرده‌ای نظارت

سخنان چو قند شیرین به مثال شهد و شکر
به همین دلیل دارم به تو من سر ارادت

تو ز مشت زن نوشتی و چه پندها که دادی
به خصوص پند گرمی که به کم کند قناعت

به حدیث عشق و مستی صنم و شراره هستی
چه قشنگ می‌نویسی تو تمام آن روایت

کمی از اصالت خود ننوشتی و نگفتی
که چه رنج‌ها کشیدی که رسی به یک سعادت

چه گذشت بر تو در شام و حلب دمشق و بغداد
که گلایه‌ای نکردی به کسی تو از نجابت

تو به شغل خشت‌مالی شدی و ابا نکردی
که برای زندگانی برسی به هر سلامت

چو شدی تو واعظ شهر و سخنوری نمودی
همه درد را بگفتی به حضور عام و ملت

به مناعت تو مردم همه آفرین نمودند
که به یکدگر سرودند، سرود بی‌نهایت

به جهان و مردم آن تو که هدیهٔ خدایی
چه خوش است مادر تو به جهان تو را بزادت

به شهادت بشر نابغهٔ عهد و زمانی
تو بمان به خاطر ما که نموده بر تو عادت

زادگاه من

دوستان شرح پریشانی ما گوش کنید │ داستان من و تنهایی ما گوش کنید
تا نهادم بزمین پا وطنم ایران بود │ زادگاه من و سیروس و خشایاران بود
کوروش و رستم دستان که در اینجا بودند │ همه مردان دلیر و همه یکتا بودند
سعدی و حافظ و فردوسی و خیام در آن │ شهریار است و نظامی همه با یک دیوان
رازی و مولوی و بوعلی و بیرونی │ اندر آن خطه گرفتند مکان میدانی
من در این دهکده علم گرفتم خانه │ خانه از جور عرب شد همه یک ویرانه
تا عرب حمله به ایران و به ایرانی کرد │ زادگاه من و تو روی به ویرانی کرد
جز خرافات نگفتند بما آن اعراب │ آنچه کردند نکردند در این ملک صواب
هر کتابی که بدیدند بسوزاندش زود │ هر هنرمند و ادیبی بسپردند به رود
همه را کشته و در وادیه پنهان کردند │ چه بلاها بسر مردم ایران کردند
خاطراتی که بجا مانده گناه است گناه │ آنچه کردند در این ملک تباه است تباه
این جنایات به تاریخ عرب ثبت شده │ این خرافات بگوش همگان ضبط شده
من از ایران عزیزم همه پوزش خواهم │ از عربهای شقی کوشش و سوزش خواهم
باز فرزند عربها به وطن آمده‌اند │ بهر اندوختن سکه و زر آمده‌اند

۲۷ نوامبر ۲۰۱۷

جلد دوّم زیر چاپ

در کسوت پزشکی

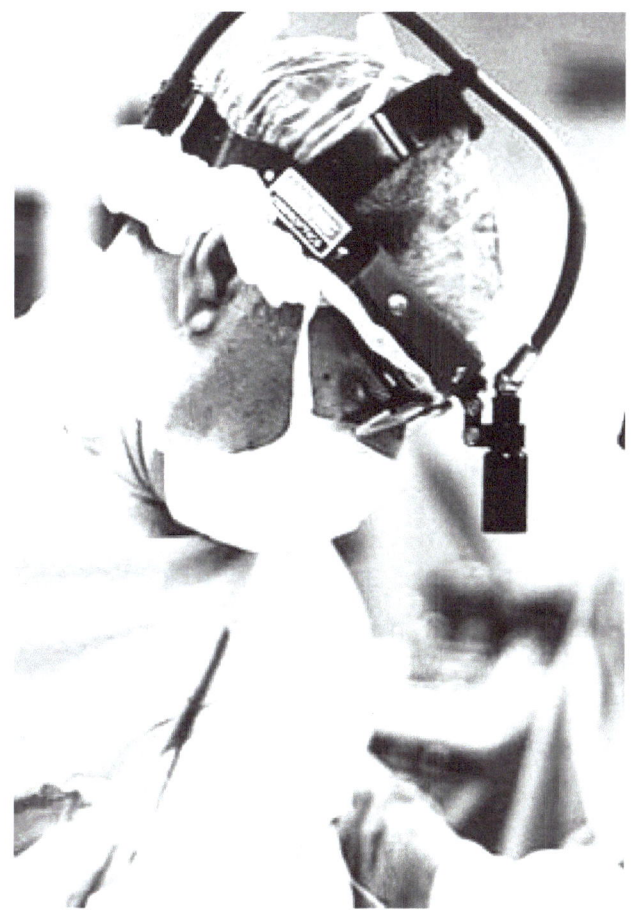
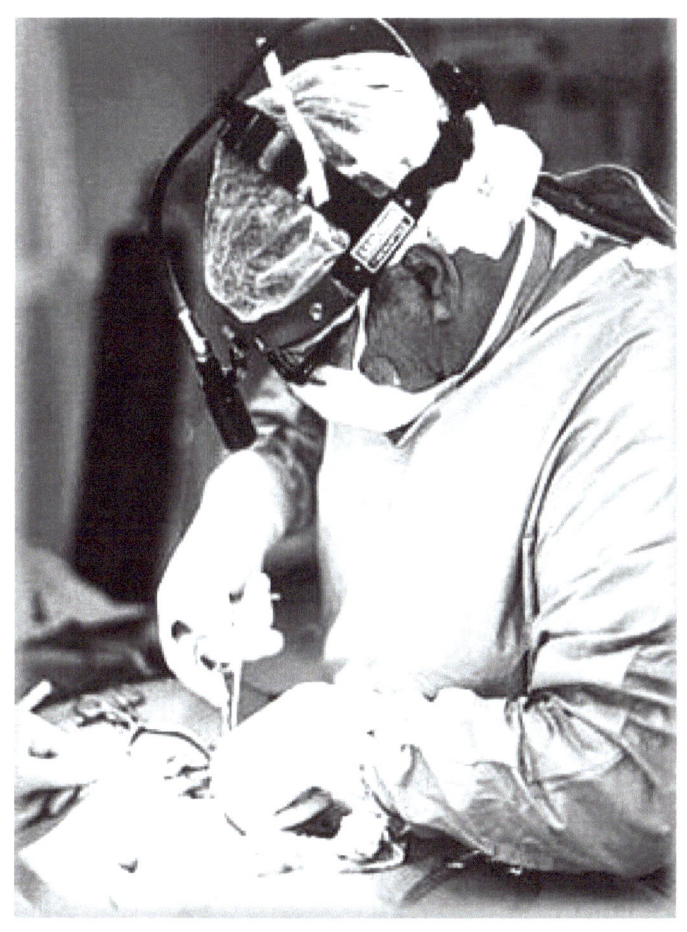
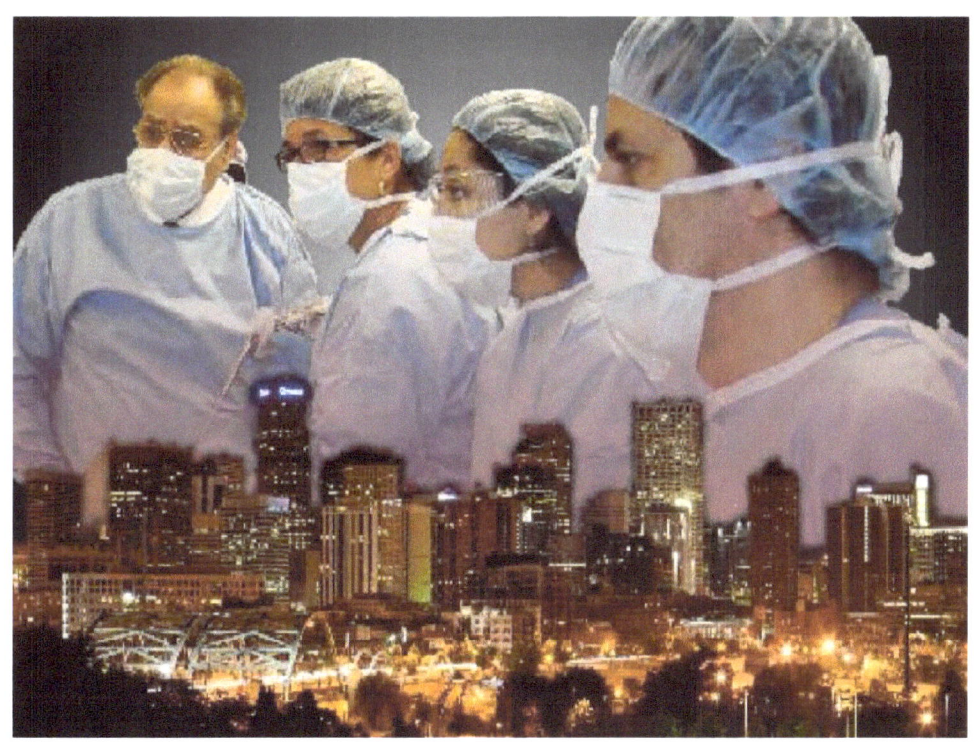

پروفسور فتحی در کسوت پزشکی

پیش از این از پروفسور فتحی در عالم شعر و ادب ایران مطالبی نگاشته شد گفته شد که از او کتابهای شعر با عناوین دفتر آرزو – پیام آرمان – گنجینه رامین – غنچه های شکفته – کلام آخر – گلچینی از گلشن رضوان انتشار یافته است . و نیز کتاب خاطرات دیرین با نثری شیرین منتشر شده است . همه اینها ارج و قدر پروفسور فتحی را در عالم ادب ایران نشان می دهد

اما در عالم پزشکی خیلی بیشتر و جالب تر در خشیدن داشته است .

سال 1333 که ما از دانشکده پزشکی دانشگاه تهران موفق به اخذ درجه دکترای پزشکی شدیم در آمریکا کمبود پزشک بخصوص در رشته های تخصصی وجود داشت و چنین بود که آمریکا مایل بود فارغ التحصیلان پزشکی را جذب نماید تعدادی از همکلاسان پزشکی ما با استفاده از این موقعیت به آمریکا رفتند ودر رشته های مختلف ، متخصص شدند . به سبب امکانات خوبی که در اختیار آنان قرار داشت به ایران باز نگشتند . حتی یکی از همکلاسان ما که نظامی بود والزام باز گشت به ایران داشت با بهانه های گوناگون از بازگشت خودداری نمود برخی ازاین گروه موفقیت های شایسته ای یافتند . اما بیشترین موفقیت و بالاترین شهرت نصیب پروفسور فتحی شد . او با پشتکار فراوان و استعداد ذاتی و خدا دادی خود این موفقیت و شهرت را به دست آورد . به طوری که به عنوان چهره تابناک پزشکی و متخصص جراحی مغز و اعصاب در بالاترین مقام قرار گرفت و از این بابت موجب افخار ایران و ایرانیان شد

نگاه کوتاهی به مراتب ترقی و تعالی او گویای این مطلب است .

- سال 1334 - پایان دوره تحصیل پزشکی در دانشکده پزشکی دانشگاه تهران با درجه ممتاز دکترای پزشکی

- عزیمت به آمریکا برای تحصیلات تخصصی - 1955 میلادی

- گذراندن دوره انترنی در ایالت شیکاگو

-- طی دوره جراحی عمومی در دیترویت

--   طی دوره جراحی مغز و اعصاب در دانشگاه ویر جینیا

--   عزیمت به کشور سوید برای کسب اطلاعات بیشتر از پروفسور نورلین استاد شهره جراحی مغز و اعصاب و رییس کنگره جراحان دنیا - همکاری با او در کسوت رزیدنتی - به مدت یکسال .

-- ریاست بخش جراحی اعصاب دانشکاه امروی در شهر آتلانتا به مدت یک سال

- ریاست بخش جراحی اعصاب در دو بیمارستان ایالت آیوا به مدت 8 سال

-   ریاست کل جراحان مغز و اعصاب میدوست (شامل یک چهارم جراحان اعصاب آمریکا)

- چندین بار ریاست بخش جراحی ایالت آیوا

-   انتقال به شهر لاس وگاس از سال 1978 و ادامه کار در رشته خود

تالیفات در رشته پزشکی :

-   شوک ها و درمان آنها
-   آنوریسم مغزی
-   غدد غیر سرطانی ستون فقرات و نخاع

- جلوگیری از سختی عضلات و بیماری های وابسته به آن
- سرطان گردن
- بیماری پاژه
- تومور ایدز در مغز (اولین بار)

ابداعات و ابتکارات :

- ابداع شنت فتحی برای رساندن خون به مغزو درمان سکته های مغزی
- دارویی برای رفع سختی عضلات که در بازار با نام متاکسو لون است

اشتغالات دیگر:

- رییس انجمن پزشکان و جراحان کلارک کانتی در لاس وگاس
- رییس انجمن و آکادمی جراحان اعصاب و استخوان آمریکا به مدت بیست سال
- دارنده مقام مخصوص در انجمن جراحان بین الملل به مدت 37 سال
- عضویت در بسیاری از انجمن های خیریه و دریافت 110 بار مدال بشریت
- سر دبیر مجله ژورنال پزشکی و چهار مجله علمی آمریکایی
- سر پرست تلویزیون پزشکی (مردم و جهن پزشکی)
- دریافت مدال شاعر سال (در آمریکا) از طرف انجمن ادبی و شعرای آمریکا سال 1998
- فعالیت در انجمن روتاری و بیمارستان سوختگان و فلج اطفال

بیو گرافی پرفسور کاظم فتحی

۱-پرزیدنت یا رئیس انجمن جراحان جهان (بین الملل) در امریکا ۲۰۰۱

۲- ریاست آکادمی جراحان اعصاب و استخوان در آمریکا سال های ۱۹۹۴-۲۰۱۳

۳-رئیس جمعیت جراحان مغز و اعصاب در امریکا در سالهای ۱۹۸٤-۱۹۸۵

٤-مشاور انجمن جراحان کالج امریکا در نوادا در سالهای ۱۹۹۱-۱۹۹۰

۵-ریاست قسمت ادامه تحصیلات پزشکی در امریکا ۲۰۰۰-۱۹۹۹

٦-ریاست پزشکان ایالت نوادا شهر لاس وگاس در کانتی کل رک ۱۹۹۹-۱۹۹۸

۷-ریاست جراحان اعصاب غرب میانه ۱/٤کل امریکا در سالهای ۱۹۷٦-۱۹۷۲

۸-ریاست طب قانونی و بورد جراحان مغز و اعصاب

۹-رئیس فدراسیون امریکا در تشخیص درجات دکترا

۱۰-عضو اصلی انجمن جراحان اعصاب نوادا از سال ۱۹۷۹ تا کنون

۱۱-مشاور پزشکی فدراسیون بوکس و کشتی امریکا در سالهای ۱۹۸۹-۱۹۷۷
افتخاری به درخواست استاندار نوادا

۱۲-عضواصلی انجمن پزشکان نوادا از سال ۱۹۷۹ تا کنون

۱۳-مشاور ارشد جمعیت مبارزه و معالجه انجمن بیماری پاژه در امریکا

۱٤-ریاست بخش جراحی اعصاب بیمارستان سنت لوک و بیمارستان مری در ایالت ایوا شهر ارریپد

۱۵-عضو کالج جراحان دنیا

۱٦-عضو انجمن پزشکان ایوا در سالهای ۱۹۷۸-۱۹٦۳

۱۷-عضو انجمن جراحان بالینی در ایالت ایوا در سالهای ۱۹۷٦-۱۹٦۵

۱۸-عضو کانتی لین در شهر سیدارریپد در سالهای۱۹۷۸-۱۹٦۳

۱۹-ریاست جمعیت جراحان اعصاب در لاس وگاس از سال ۱۹۷۹ تا کنون

۲۰-عضو کانتی کلارک کلیه پزشکان از ۲۰۱۸-۱۹۷۹

۲۱-دارای دکترا در جراحی اعصاب و دکترای فلسفه و ادبیات از انجمن مطالعات عالیه معاون پرفسور در دانشگاه نوادا ، رینو ، نوادا

۲۲-پرفسور در جراحی اعصاب و طب قانونی

اختراعات در معالجه بیماران در رشته جراحی مغز و اعصاب و عروق

۱-شنت فتحی – پل برای رساندن خون به مغز در حال جراحی شریان کاروئید

۲-ترمیم استخوان سر پس از عمل جراحی و برداشتن آن با جابجا کردن آن با پلاستیک مخصوص

۳- گزارش دهنده ٤ بیماری در مغز و اعصاب ، بنام سندروم

٤- اولین گزارش پیدایش سرطان مغز در اثر بیماری ایدز –مجله نوروسرجری

مقام های پرفسور فتحی در مجلات طبی امریکا

۱- سردبیر ژورنال جراحی اعصاب و استخوان

۲- دبیر و نویسنده مجله یا ژورنال بین الملل

۳-سر دبیر ژورنال پزشکی ،فارسی ، انگلیسی و اسپانیایی ده سال در امریکا

٤-سر دبیر و سرپرست تلویزیون شما و پزشکی برای ۱۲ سال (مردم و جهان پزشکی)

٥-نویسنده در مجله vip در امریکا

٦-نویسنده در مجله لاس وگاس ، نوادا

۷-نویسنده در مجله سلامتی شما

۸-نویسنده مجله من و شما

۹-دبیر مجله مهر فارسی و انگلیسی

نشریات پزشکی از ایشان

۱-نگاه مجدد به معالجه سختی های عضلانی بیماران و اختراع داروی آن بنام اسکا لاکسین یا متا کسیلان در سال ۱۹٦٤ (تا امروز بهترین دارو شناخته شده و در دنیا بفروش رسیده)

۲-ناتوانی های عضلانی و سختی عضلات و چگونه با آن میتوان مبارزه کرد

۳-آنوریسم قاعده مغزی که ایجاد علائم و بیماری تومر هیپوفیز را میکند ادنوما

٤-همو اننجینو پریسیتوماکه در ستون فقرات باعث فلج دست و پا میشود و تشخیص آن برای اولین بار و گزارش آن در مجله جراحی اعصاب

٥-استپو سارکومای مهره اطلس در گردن ژورنال ایوا مدیکال دسامبر ۱۹۷۱

٦-استفاده از شنت فتحی و آمار آن و استفاده آن در انسداد شریانهای گردن بخصوص کاروتید مارچ ۱۹۷۲

۷-فلج های گاهگاهی و طرز معالجه آن

۸-مطالعه ۱۱۰ بیمار بعد از عمل با شنت فتحی و گزارش آن

۹-بیماری پاژه و طرز درمان آن ۱۹۸٤ با متد پرفسور فتحی ژورنال اعصاب و استخوان

۱۰-بیماری پاژه ، علل و طرز معالجه . آمارکشورهائی که این بیماری در آنجا دیده شده و کلیه اطلاعات مفصل آن در ژورنال جراحی اعصاب و استخوان

۱۱-گزارش اولین بیماری غده مغزی در اثر بیماری ایدز لینفومای مغزی ۱۹۸۷

۱۲-جدیترین نوع جراحی دیسک گردن و برداشتن مهره و جابجا کردن آن با متیل متکرولیت از پرفسور فتحی مجله مونت سینا ۱۹۹٤ ماه می

۱۳-گزارش ۲۰۰ عمل جراحی دیسک گردن با متد پرفسور فتحی و نتایج آن مجله جراحی اعصاب و استخوان ۱۹۹۸

۱٤-بیماری پاژه و راههای بهتر درمانی و تحقیقات جدید پزشکان

۱٥جراحی دیسک پشت کمر با متد های مختلف ۲۰۱٤ مجله نورواورتو

مقالات مربوط به پزشکان در ژورنال CCMS

۱-برای پزشک داشتن وجدان و مهربانی لازم است

۲-در امریکا اخلاق پزشکان کلا بایستی تغییر کند

۳-پزشکان نباید تبعیضی برای نژاد ، رنگ و باور بیماران قائل شوند

٤-مقام پزشکی همراه با مسئولیت کامل و ضمانت کامل باید باشد

۵-آب ها را آلوده نکنید

٦-مضرات الکل و سیگار به مردم

۷-سردرد های مختلف و درمان آن

۸-چه باید دانست در باره چشمان و مواظبت آنها

۹-چه باید دانست درباره کلسترول و سکته های مغزی و قلبی و راه درمان و پیش گیری از آن

۱۰-فشار خون و تاثیر آن روی مغز

۱۱-سکته گرمائی یا گرما زدگی و معالجه آنها

جوایز ، مدال ها و تقدیر ها در پزشکی و ادبیات

۱-عضو گروه روتاری در امریکا ، گروهی که بیماری فلج اطفال را در دنیا با تزریق واکسن آن ریشه کن کردند از سال ۱۹٦۵ تا کنون

۲-عضو گروه پال هاریس کسی که روتاری را ایجاد کرد ۱۱۰ بار برنده جایزه آن

۳-عضو ارشد روتاری در ۲۰ سال گذشته

٤-برنده مدال بشریت در امریکا ۱۱۰ بار و برنده مدال کبوتر بلور و کاپ بلور

۵-دکتر سال و مرد سال در نوادا ۱۹۹٤ و قهرمان ایالت در کمک به مردم

٦-شاعر سال برنده مدال آن در ۱۹۹۸ توسط انجمن شعر و ادبیات امریکا

۷-برنده کلید طلا از بیمارستان سینای شیکاگو ۱۹۵۷

۷-برنده مدال فا   یکس در سال ۱۹۹٤

۸-برنده مدال یک عمر موفقیت و شایستگی ۱۹۹۱ در جراحی مغز و اعصاب

۹-دکتر سال و مرد سال در گلدن گلا وز سالهای ۱۹۸۹-۱۹۹۲

۱۰-مقام برتریت در شعر از AMA انجمن پزشکان امریکا

۱۱-مقام های غیر پزشکی و جوایز دیگر را ذکر نمیکنیم

MEDICAL POSITIONS & TITLES

- President, International College of Surgeons – US Section, 2001
- Chairman, American Academy of Neurological and Orthopaedic Surgeons, 1994-2013
- President, American Neurological and Orthopaedic Society, 1984-85
- Nevada Councilman, American College of Surgeons, 1990-1991
- CME Chairman, International College of Surgeons, 1999-2000
- President, Clark County Medical Society, 1998-1999
- President, Midwest Neurological Society 1972-1976
- Chairman, Medical Legal Analysis Board
- Executive Member, World College of Surgeons
- Chairman, American Federation of Medical Accreditation
- Member, Nevada Neurological Society, 1979-Present
- Commissioner, Medical Advisory Board to the Nevada Athletic Commission, 1981-1989
- Member, Nevada State Medical Association, 1979-Present
- Advisory Board Member, International Paget's Foundation
- Chairman, Medical Unit, Masonic-Zelzah Lodge Temple, 12 years
- Chairman, Neurosurgical Department, Mercy Hospital, Cedar Rapids, Iowa, 1963-1978
- Member, Iowa Medical Society, 1963-1978
- Member, Iowa Clinical Surgical Society, 1965-1978
- Member, Linn County Medical Society, 1963-1978
- President, Neurological Neurosurgical Institute of Las Vegas, 1979-Present
- Member, Clark County Medical Society, 1979-Present
- Doctors of Philosopy (Ph.D.), in Neurological Surgery

- **ASSOCIATIONS WITH ACADEMIC MEDICAL CENTERS**
- Associate Professor, University of Nevada, School of Medicine
- Professor, Medical Legal Analysis

- **INNOVATIONS & RESEARCH**
- Fathie's Carotid Artery Shunt/Bypass
- Researcher of the medication called Skelaxin, a drug for treatment of muscle stiffness
- Inventor, Cranio-Plasty Plate
- Reporter of four neurosurgical Syndromes
- Reporter of AIDS and related tumors of the brain

- **MEDICAL JOURNALS & MEDIA INVOLVEMENT**
- Editor-in-Chief, The Journal of Neurological and Orthopaedic Medicine and Surgery
- Editor, International Surgery Journal
- Editor-in-Chief, Journal-e-Pezeshki; (medical journal)
- Chief Editor,"You and the World of Medicine", a medical television program
- Medical writer, VIP Magazine
- Medical writer, Las Vegas Magazine
- Medical writer, Your Health Magazine
- Editor, U&I Magazine
- Editor, Mehr Magazine

- **MEDICAL PUBLICATIONS**
- "A Second Look at a Skeletal Muscle Relaxant: A double-blind Study of Metaxalone", Current Therapeutic Research, November 1964
- "Musculoskeletal Disorders and Their Management with a New Relaxant", Clinical Medicine, April 1965
- "Large Aneurysm of Internal Carotid Artery Simulating an Eosinophilic Adenoma", Journal of the Iowa Medical Society –May 1965
- "Hemangiopericytoma of the Thoracic Spine" Journal of Neurosurgery – 1970
- "Osteogenic Sarcoma of the Neck (Atlas)," Journal of the Iowa Medical Society – December 1971

- "Fathie Shunt – Application in Carotid Artery Occlusion and the Procedure of Endarterectomy" Journal of the Iowa Medical Society – March 1972
- "Transient Ischemic Attack and Surgical Management by Endarterectomy – A Study of 110 Cases", Journal of Neurological and Orthopaedic Medicine and Surgery – July 1982
- "Paget's Disease", Journal of Neurological and Orthopaedic Medicine and Surgery – July 1984
- "Paget's Disease: History and Management: Recognition and Treatment", Journal of Neurological & Orthopaedic Medicine and Surgery – July 1985
- "Primary Cerebral Lymphoma in Two Consortial Partners Afflicted with Acquired Immune Deficiency Syndrome", Journal of Neurosurgery 1987
- "Anterior Cervical Diskectomy and Fusion with Methy Methacryate", Mt. Sinai Journal of Medicine – May 1994
- "Methyl Methacrylate Used for Cervical Fusion – A Study of 200 Cases", Journal of Neurological & Orthopaedic Medicine and Surgery – March 1998
- "Paget's Disease – New Progress and Findings", Journal of Neurological & Orthopaedic Medicine and Surgery – March 1998
- Treatment of Back Pain: An Interdisciplinary Approach
-

MEDICAL COMMENTARY
- Physicians must retain their compassion for patients
- America's Badge of Honor is Badly Tarnished
- Overcoming the Subtle Racism in Medicine
- In Defense of Authenticity
- Physician Title comes with Responsibility and Risk
- Keep our Water Clean
- Smoking
- Healthcare for the Healthy
- Biological and Mechanical Tools: Thoughts on a New Paradigm P

- **PATIENT EDUCATION ARTICLES**
- What You Should Know About Your Eyes and How to Take Care of Them
- What You Should Know About Cholestrol and Stroke and How High Cholestrol Levels can be Lowered
- Brain and High Blood Pressure
- Heat Stroke, Heat Exhaustion

AWARDS & ACCOMPLISHMENTS
- Professor Kazem Fathie's Endowment Fund, Over $1,000,000.00 donation by Dr. Joseph Serrato at the 37th International College of Surgeons-US section Annual Meeting to this Fund; on July 2001, at Orlando, Florida
- Paul Harris Foundation Member, 1965-Present
- Honorary Member, Rotary International, 1965-Present
- 39-time Paul Harris Humanitarian Award Winner
- Poet of the Year Award from the International Literary Poets Society, 1998
- Las Vegas Physician of the Year, 1994
- Outstanding American Hero Award, 1988
- Crystal Dove Award Winner, Rotary International
- Gold Key Award Winner, Mt. Sinai Hospital
- Harold Lee Feikes Award Winner, Clark County Medical Society, 1994
- Physician of the Year, Nevada State Medical Association, 1995
- Life Time Achievement Award Winner, 1991
- Doctor of the Year, Golden Gloves Tournament, 1987
- Doctor of the Year, Golden Gloves Tournament, 1989
- Persian Poet Laureate Award by IAMA
-

NON-MEDICAL ORGANIZATION MEMBERSHIPS
- Who's Who member – National Directory of Who's Who in Executive and Professionals
- Honoray Member, Rotary International
- Member, American National Library of Poetry
- Member of the Scottish Right Member of the Zelzah Shriner's

- Member, Iowa Chamber of Commerce (Past)
- Member, Nevada Chamber of Commerce (Past)
- Member, Lions Club (Past)
- Member, Elks Club (Past)
- Member, Paul Harris Foundation, 1965-Present
- Chairman, Vasa order of America, 1981

آشنایی با پروفسور کاظم فتحی

بزرگ مردی

از دیار طب و ادب و موسیقی